# VAN GOGH :

# portrait de l'artiste

Les secrets de Van Gogh 1

par Liesbeth Heenk

Traduit de l'anglais par Angélique Olivia Moreau
Titre original : *The 1-Hour Van Gogh Book*

www.amsterdampublishers.com
www.secretsofvangogh.com

ISBN-13: 978-1500458416

ISBN-10: 1500458414

# SOMMAIRE

# LA TRAGÉDIE ET LE SUCCÈS

Vincent van Gogh est un artiste célèbre dans le monde entier. Ses œuvres se vendent à des millions de dollars et ses peintures comptent parmi les meilleures et les plus puissantes qui soient.

En l'espace de dix ans de carrière, il a réalisé plus de 800 peintures et à peu près mille dessins. Mais malgré cette grande production, il ne parvint à vendre de son vivant qu'un seul tableau et une poignée de dessins. Le succès connu par son travail après sa mort ne fait que décupler l'ironie de cette tragédie.

En tant qu'artiste, il poursuivit ses buts passionnément et sans compromis. Van Gogh, fils d'un pasteur de l'Église réformée néerlandaise, ressentait qu'il devait « mériter » la vie qui lui avait été donnée et la dédier à l'accomplissement d'une mission. Son engagement était inconditionnel. Pourtant, même s'il eut choisi une carrière non-artistique, il aurait probablement suivi un chemin de vie similaire, à cause de son incapacité à se conformer aux conventions sociales. C'était un homme marginal et entêté – dur avec les autres, mais aussi envers lui-même. Comme le disait son frère cadet Théo :

« Quelque chose dans sa façon de parler fait que les gens l'aiment ou le détestent [...] parce qu'il n'épargne rien ni personne. »

Il était difficile, mais aussi sensible et doté d'une patience limitée pour les gens qui ne percevaient pas le monde de la même façon que lui. Écrivain talentueux, il était maladroit à l'oral. Mais en fin de compte, il avait une âme magnifique, et désirait désespérément l'amitié et l'amour. Voilà deux choses qu'il ne trouvait qu'auprès de son frère Théo, mais même la relation avec de dernier pouvait parfois s'avérer houleuse.

Les fameuses crises de Van Gogh ont souvent été perçues comme la conséquence de son génie artistique, ce qui est conforme au stéréotype de l'artiste en tant que génie fou. Toutefois, son trouble était probablement une forme d'épilepsie, sans lien avec ses capacités artistiques. Au lieu de bénéficier de sa « maladie », les crises le bloquaient dans sa production artistique. Une fois sa maladie correctement diagnostiquée, il ressentit le désir de travailler encore plus dur, craignant de ne pas avoir beaucoup de temps devant lui.

Van Gogh lutta pendant des années pour produire des œuvres d'art significatives et chercha désespérément à se faire connaître, mais le succès mit du temps à venir. Ce n'est qu'en 1890, l'année de sa mort, qu'il fut sur le point de percer en tant qu'artiste. Malgré tout, à l'époque, la quasi-absence de ventes le déprimait profondément. Van Gogh était financièrement dépendant de Théo, qui avait alors entamé une nouvelle vie avec sa femme et leur enfant. Il vivait dans la peur que sa maladie ne revienne et ne finisse par l'empêcher totalement de travailler. On pense que, dans une crise de désespoir, il s'est suicidé.

De son vivant, Van Gogh ne put connaître la fierté et la satisfaction de vendre son travail, de voir que son art signifiait véritablement quelque chose pour les gens. Voilà la préoccupation qui était la sienne : effectuer une contribution valable à la société en produisant des œuvres qui offriraient du réconfort. Il batailla pendant longtemps, en tant qu'artiste et en tant qu'homme, mais cet exploit extraordinaire d'avoir donné naissance à un corpus si magnifique et puissant lui a attiré l'attention des générations futures. Ce livre explore la vie de Van Gogh et son développement artistique au fil des années, et j'espère donner un meilleur aperçu de son art, qui continue d'être apprécié dans le monde entier.

# LA BÊTE NOIRE DE LA FAMILLE

Van Gogh est né le 30 Mars 1853 à Groot-Zundert, un village de la province du Brabant, en Hollande. Il choisit d'être un artiste seulement après avoir exploré de nombreuses autres options.

En 1880, après avoir échoué en tant qu'apprenti dans la compagnie d'art montée par son oncle, mais aussi en qualité d'enseignant, d'évangéliste puis de libraire, Van Gogh trouva enfin sa véritable vocation à l'âge de 27 ans.

Ses parents avaient presque perdu l'espoir de voir leur fils aîné mener une vie acceptable de petit-bourgeois, mais quand son frère cadet Théo lui suggéra de devenir artiste - ou plutôt dessinateur - Van Gogh, enthousiaste, fut déterminé à en faire un succès : « Je veux mener ma propre bataille, et vendre ma vie au prix fort, et tenter la victoire ».

Les trois premières années, il se concentra sur ses dessins, s'appuyant constamment sur des manuels d'éducation ; après quoi il commença aussi à peindre. Il ne faisait pas que dessiner, mais s'entraînait presque sans relâche, poussé par une ferveur fanatique, comme s'il tentait de rattraper le temps perdu.

Van Gogh savait bien que son parcours serait difficile, car il percevait bien son manque de talent. Là où d'autres étaient capables de dessiner comme s'il s'agissait d'une seconde nature, il peinait, n'étant ni un génie, ni un artiste-né.

## Des débuts difficiles

Van Gogh prit la décision de devenir artiste alors qu'il travaillait en tant qu'évangéliste dans le district minier pauvre du Borinage en Belgique. Il copiait des gravures dans des manuels de dessin et essaya d'en maîtriser la technique. À la fin du mois d'avril 1881, il revint au foyer parental, au presbytère d'Etten, un village du Brabant, aux Pays-Bas, où il travaillait dans une chambre de l'annexe. Il a réalisé des douzaines de dessins d'après modèle vivant ainsi que des paysages du Brabant rural, qu'il considérait tous comme des exercices.

Il voyait le dessin comme l'épine dorsale de tout art. Sans compter les quelques cours qu'il suivit en Belgique, et plus tard à La Haye et à Paris, il resta un artiste essentiellement autodidacte, qui s'est trouvé tardivement et qui travaillait furieusement pour atteindre un certain niveau.

Dans ses premiers dessins, les proportions sont souvent fausses et malhabiles, et les dessins eux-mêmes sont figés et artificiels. Au début, ses aquarelles sont tout aussi ternes – la surface peinte est barbouillée et épaisse. Il considéra plus tard son incapacité répétée à réaliser des dessins et des peintures anatomiquement corrects comme des tentatives délibérées de créer un art qui serait plus réel qu'une simple copie de la réalité.

Van Gogh prit son temps – et, au jugé de son travail, il en avait bien besoin – pour surmonter une multitude de problèmes techniques avant d'être en mesure de créer de « l'Art ».

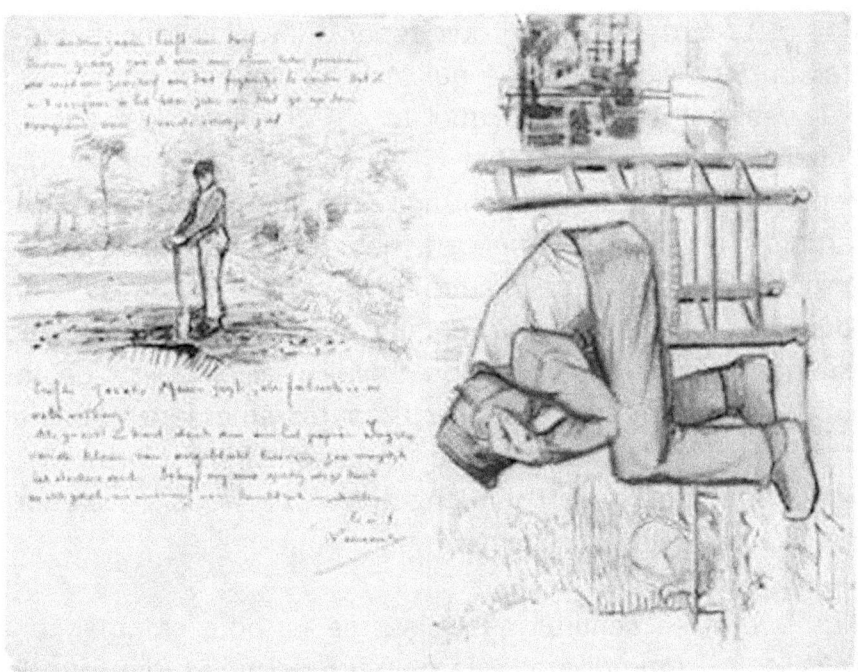

Un des magnifiques croquis que Van Gogh avait l'habitude d'inclure
dans ses lettres pour montrer le genre de travail qu'il faisait
© Fondation Vincent van Gogh
(Musée Van Gogh, Amsterdam)

À PROPOS DU CROQUIS : « Bien sûr que je rémunère les modèles. Pas beaucoup, mais parce que c'est quotidien, cela sera une dépense supplémentaire si je n'arrive pas à vendre de dessins. Mais puisqu'il est rare qu'une silhouette soit un échec complet, il me semble que le coût des modèles sera amorti très vite. Parce qu'il y a aussi quelque chose qui doit être gagné de nos jours pour quelqu'un qui a appris à saisir une silhouette et s'y attacher jusqu'à ce qu'elle soit fermement inscrite sur le papier. Je n'ai pas besoin de te dire que ces croquis te donnent une idée de la pose. Je les ai griffonné aujourd'hui et vu que les proportions laissent beaucoup à désirer, certainement plus que sur les dessins eux-mêmes en tous cas. » [Lettre 172, Etten, à la mi-septembre 1882]

Mais peut-être est-ce l'un des aspects les plus touchants – il était un travailleur acharné qui était déterminé à atteindre ce qu'il désirait, à n'importe quel prix. Personne n'est capable d'atteindre immédiatement le niveau supérieur d'un Rembrandt ou d'un Michel-Ange aux premiers jours de sa carrière d'artiste, bien que certaines personnes aient plus de facilités naturelles que d'autres. Van Gogh manquait d'une éducation artistique, tout autant que d'une sophistication essentielle, mais l'intensité du travail réalisé était d'un tout autre niveau. Il existe des artistes extrêmement capables, mais dont l'art laisse le public totalement froid. L'art de Van Gogh, peu importe son « incorrection », parviendra toujours à émouvoir celui qui le regarde.

Plus tard, il se sentirait assez sûr de lui pour commencer à travailler à l'aquarelle et à la peinture à l'huile. Bien que les dessins soient rigides, malhabiles et aux proportions maladroites, et témoignent de ses difficultés à insuffler du volume dans les corps, ainsi qu'à rendre la perspective de façon correcte, ils révèlent une tentative de dévoiler l'essence d'un sujet.

C'était Théo qui lui avait conseillé de se faire la main à l'aquarelle. En tant que marchand d'art, il savait qu'elles se vendaient mieux que les dessins en noir et blanc à cause de leurs couleurs attirantes. De plus, elles étaient moins chères que les peintures. Van Gogh s'y essaya, mais ne parvint pas à en maîtriser la technique. Au même moment, il développa une aversion croissante envers les demandes des marchands d'art, maudissant l'idée de donner au marché ce qu'il voulait. Il voulait plutôt réaliser quelque chose « d'honnête ». En juillet 1882, il écrivit dans une lettre à l'attention de Théo ses sentiments sur son art, réfléchissant aussi sur lui-même :

« Tu dois vraiment comprendre la façon dont je considère l'art. On doit travailler fort et longtemps pour atteindre au véridique. Ce que je veux, mon but avoué, est tellement difficile, et pourtant je ne crois pas viser trop haut. Je veux réaliser des dessins qui émeuvent certaines gens. Que ce soit par des portraits ou des paysages, j'aimerais exprimer quelque chose qui ne serait pas mélancolique sentimentalement, mais exprimerait une profonde tristesse. En bref, je veux toucher au point où les gens disent de mon travail : cet homme ressent profondément, cet homme ressent en subtilités. Malgré ma prétendue rudesse – tu comprends – peut-être précisément à cause d'elle. Cela semble prétentieux d'en parler maintenant, mais c'est pourquoi je veux continuer. Que suis-je aux yeux de la plupart des gens ?  Une non-entité ou un original ou une personne désagréable – quelqu'un qui n'a pas et n'aura jamais sa place dans la société ; pour couper court, encore moins qu'un moins-que-rien. Très bien – en supposant que tout cela soit vrai, alors, à travers mon travail, j'aimerais montrer ce qu'il y au cœur d'un tel excentrique, d'un rien du tout. C'est mon ambition, qui est basée moins sur le ressentiment que sur l'amour, plus sur la sérénité que sur la passion. Malgré tout, même si je suis souvent en lutte, à l'intérieur de moi, il y a toujours une harmonie calme et pure, ainsi que de la musique. Dans la plus pauvre des masures, dans le recoin le plus crasseux, je vois des peintures et des tableaux. » [Lettre 249, La Haye, aux alentours du 21 juillet 1882]

Le fait de vivre au presbytère, aussi proche de ses parents, engendrait des conflits importants. Van Gogh fit l'embarras de sa famille en tombant désespérément amoureux de sa cousine Kee Vos. Kee fut la première, mais certainement pas la dernière.

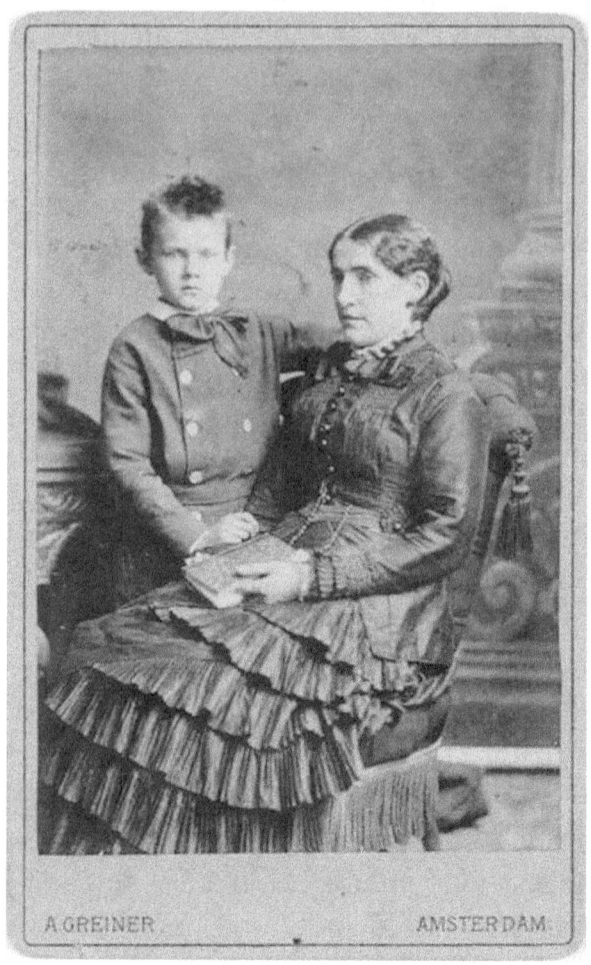

Kee Vos et son fils – 1879 / 1880

Van Gogh, qui écrivit : « Je ne peux pas vivre sans amour, sans une femme », connut à de nombreuses reprises des histoires d'amour non-réciproques ou vouées à l'échec.

Quand il refusa de se rendre à l'église à la Noël 1881, une dispute violente s'ensuivit avec son père, qui lui demanda de quitter la maison sur-le-champ. Malheureusement, Vincent avait une personnalité difficile, et il se disputait souvent avec sa famille et ses amis.

# LA HAYE : SUR LE CHEMIN DU SUCCÈS ?

Le jour même de sa dispute avec son père, Van Gogh déménagea à la Haye, où il louait un studio. Chez lui, à Etten, il vivait sous la charge de ses parents. Impatient de devenir dessinateur professionnel et de gagner sa vie, il emprunta de l'argent et décida de mieux s'habiller, d'utiliser de meilleurs matériaux et de ne pas éviter le contact avec d'autres personnes. Mais l'argent emprunté fut vite dépensé et il dut dénicher une autre source de revenus.

Il se tourna vers son frère cadet Théo dans l'espoir d'obtenir un soutien financier et lui demanda un revenu mensuel. Quand il commencerait à gagner de l'argent, Théo diminuerait petit à petit le montant de la pension, lui permettant de devenir indépendant progressivement. Théo devait toutefois continuer à envoyer à son frère de l'argent pour le restant de sa vie, et a toujours été félicité pour son soutien, mais il faut se souvenir qu'il en allait ainsi avant l'existence d'un système de sécurité sociale. Ce n'était pas inhabituel pour des membres de la famille de soutenir leurs parents moins fortunés aussi longtemps qu'il était nécessaire de le faire.

La Haye, avec ses sociétés d'artistes, ses vendeurs d'art et ses nombreuses expositions, était le centre artistique des Pays-Bas, et avait beaucoup à offrir aux artistes. Van Gogh fit de son mieux pour s'intégrer à la scène artistique et connut un succès relatif. Il se fit de nombreuses connaissances. Du petit matin à la nuit, il travaillait dur pour maîtriser l'art de dessiner d'après des modèles vivants. Il commença aussi – sur le conseil de marchands d'art de sa connaissance – à réaliser des aquarelles et, finalement, des tableaux. Grandement encouragé par son succès initial, il dépensait de l'argent pour payer des modèles et demandait à des gens représentatifs de la classe ouvrière - comme le vieil « homme orphelin » barbu - de poser pour lui.

Toutes ses actions avaient pour but de maîtriser la technique du dessin afin d'être en mesure de vivre de son art aussitôt que possible.

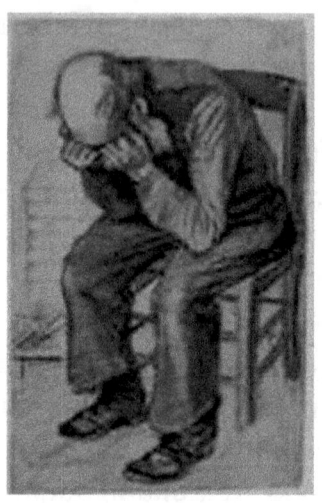

Vincent van Gogh, *Vieillard assis*, dessin, La Haye, novembre 1882
© Fondation Vincent van Gogh
(Musée Van Gogh  Amsterdam)

## Ses méthodes de travail

Malgré son énergie et son enthousiasme inébranlables, Van Gogh travaillait de façon incroyablement systématique, allant à l'encontre de notre vision romantique de l'artiste « emporté par l'inspiration » qui travaille spontanément lorsqu'il le désire, griffonnant sur le premier bout de papier qui lui tombe sous la main. L'œuvre entière de Van Gogh, y compris ses premiers dessins et tableaux, révèle qu'il suivait un système à la lettre : ses croquis sont classés avec soin dans des carnets et s'il voulait s'attaquer à un problème en particulier, il y dédiait une série entière de croquis. La difficulté était souvent de nature technique, comme la création de la profondeur dans un dessin, la représentation correcte d'un corps, d'une tête ou de la posture d'une personne au travail.

Une série consistait en plusieurs dessins illustrant la même technique, réalisés sur des papiers de taille et de type similaires. Tout était planifié dans les détails, rien n'était laissé au hasard ! Van Gogh utilisait des techniques inhabituelles. Il se servait par exemple d'un épais crayon de charpentier, son outil à tracer favori. Parce qu'il détestait l'effet brillant du crayon sur le papier, il renversait un verre de lait sur un dessin pour le matifier. On peut encore discerner sur plusieurs œuvres les contours de la tache laissée par le lait. Il s'aidait d'un cadre de perspective au travers duquel il regardait le modèle ou le paysage, afin de conserver la perspective et les proportions. Si l'on observe attentivement, on peut toujours voir les lignes crayonnées du cadre. Il travaillait avec une telle ferveur qu'il abîmait souvent le papier lorsqu'il appliquait trop de pression sur la feuille ! Cela se voit souvent dans ses signatures.

Voici ce que Van Gogh écrivait sur son travail en général :

« Je suis seulement préoccupé par le monde parce que je ressens un certain sens de l'obligation et du devoir, comme s'il s'agissait – parce que je suis sur cette terre depuis 30 ans – de laisser un certain souvenir, en guise de gratitude, sous la forme de dessins et de tableaux. Ils n'existent pas pour correspondre à un mouvement ou à un autre, mais pour exprimer une émotion humaine honnête. [...] Et peut-être seras-tu capable de comprendre que, pour ma part, je ne considère pas mes études isolément, mais je les garde toujours à l'esprit comme un tout. » [Lettre 371, La Haye, aux alentours du 7 août 1883]

## Les premiers dessins sont vendus !

Sa vie sociale aussi allait plutôt bien, du moins aux premiers temps de son séjour à la Haye. Le célèbre artiste de l'école de La Haye Anton Mauve, qui était lié à Van Gogh par alliance, l'introduisit comme membre particulier dans la société des artistes Pulchri, ce qui lui offrit l'opportunité de suivre des cours de dessin. Sa persévérance, tout comme la qualité des vues de la ville qu'il avait réalisées, réussirent à persuader son oncle C.M. van Gogh, marchands d'art à Amsterdam, d'acheter deux séries de dessins de La Haye. H.G. Tersteeg, manager des vendeurs d'art de Goupil dans cette même ville, était un autre homme que Van Gogh contactait régulièrement, dans l'espoir de l'intéresser à ses dessins. Il vendit sa première aquarelle à Tersteeg, même si ce fut pour la somme modique de 10 florins. La fortune semblait sourire à Vincent durant ses premiers jours à La Haye !

Avec le recul, nous pourrions dire que Van Gogh se serait pas Van Gogh si quelque chose ne finissait pas par mal tourner. Il se mit lui-même des bâtons dans les roues en entamant une relation avec Sien Hoornik, une prostituée. Pas très avisé dans une ville de La Haye plutôt décente, de la fin du XIXe siècle. D'autant qu'il n'eut pas seulement une aventure avec Sien, alors enceinte, mais la prit aussi chez lui, ainsi que sa fille de cinq ans et sa mère revêche. Peu après, Sien donna naissance à un petit garçon. Elle était un excellent modèle et posait pour Van Gogh, un fait que celui-ci utilisait comme excuse pour l'aider, elle et sa famille.

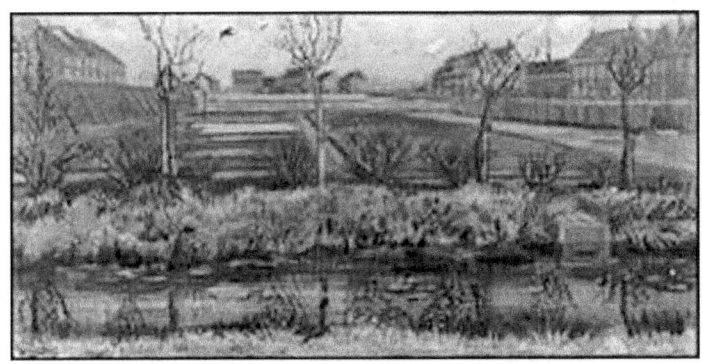

Vincent van Gogh, *Crèche sur le Schenkweg*, dessin,
La Haye, avril / mai 1882
© The Metropolitan Museum of Art, New York
legs de Walter C. Baker, 1971

La relation ne put rester secrète. Son amitié avec Anton Mauve, son oncle C.M. van Gogh et Tersteeg s'était considérablement refroidie. Après avoir caché ses circonstances à son frère pendant deux mois, Vincent finit par lui révéler la vérité. Théo n'approuva pas vraiment la situation et le menaça de supprimer son allocation mensuelle.

Ce qui avait commencé si positivement se termina sur une note plus sombre. Van Gogh s'isola. Il se rendait compte lui aussi que la situation était insoutenable et décida finalement de tenter sa chance ailleurs. Sa motivation principale, toutefois, pour quitter La Haye, était financière : il estimait que la vie à Drenthe, une province isolée de l'est des Pays-Bas, serait plus abordable.

Les dessins de Van Gogh, caractéristiques, du pensionnaire de l'hospice et de son amie Sien, comptent parmi les plus puissants et remarquables de la période de La Haye. Son amour pour les gravures sur bois et la littérature anglaises se reflète aussi dans son travail, par exemple dans sa série des « têtes ». Une comparaison avec les dessins d'Etten révèle qu'il maniait alors mieux le trait et – plus important encore – communiquait plus puissamment l'essence de son sujet.

De magnifiques dessins de sa période à La Haye, au crayon et à la craie, ont été conservés. Ils sont d'ailleurs présentés à peu près une fois par an aux enchères et restent raisonnablement abordables.

## Sur la bruyère solitaire

Après La Haye se succédèrent plusieurs mois tristes et hivernaux durant lesquels Van Gogh parcourut les rues de Drenthe, une province néerlandaise pauvre et dépeuplée. Malheureusement, la population locale ne se ruait pas pour venir poser pour un inconnu. Il concentra alors toute son énergie à dessiner la nature, et passa ces mois à réfléchir sur sa vie. Ses lettres sont mélancoliques et tristes. Il souffrait non seulement du froid, mais aussi de « nervosité ». À Drenthe, il réalisa des aquarelles belles et sobres, représentant des mottes de gazon et des paysages solitaires, peuplés ici et là de quelques silhouettes solitaires.

# UN GRAND CHIEN HIRSUTE

# AUX PATTES MOUILLÉES

Bien que son père l'en ait chassé, le presbytère restait le seul endroit où il pouvait retourner après son errance à travers Drenthe. Malgré ses efforts assidus, son travail ne lui avait encore rien apporté. En attendant, ses parents avaient déménagé dans un presbytère à Nuenen, un village de la province du sud du Brabant aux Pays-Bas. Là, une buanderie fut transformée en studio temporaire pour leur fils. Une lettre à Théo révèle que le père et la mère Van Gogh s'étaient résignés de voir leur fils revenir vivre dans la maison familiale : « Eh bien, nous accueillons cette nouvelle épreuve avec bonne humeur et nous allons lui laisser une totale liberté en ce qui concerne ses excentricités dans sa façon de s'habiller, etc. »

Van Gogh, par contre, ne se sentait pas vraiment accueilli :

« Je ressens ce que Pa et Ma pensent de moi instinctivement. Ils ont été aussi hésitants à m'accueillir à la maison que s'il s'était s'agit de prendre un grand chien hirsute. Il entrerait dans la pièce avec ses pattes mouillées – et puis, il est tellement hirsute. Il gêne tout le monde. Et il aboie si fort. En bref – un animal sale. Très bien – mais l'animal a une histoire humaine et - même s'il n'est qu'un chien - une âme humaine, avec des sentiments plus fins que ceux d'un chien ordinaire. Et moi, en admettant que je sois une sorte de chien, je les accepte comme ils sont. » [Lettre 413, Nuenen, aux alentours du 15 décembre 1883] Il ajoute que la lande à Drenthe était solitaire, mais pas autant que la maison familiale.

Il devait vivre à Nuenen pendant presque deux ans, de décembre 1883 à novembre 1885. Durant cette période, il réalisa de nombreux tableaux ainsi que des dessins de tisseurs et de fermiers sur leurs terres, toujours en sombres couleurs terre. Van Gogh était très influencé par les artistes du XIXe qui vivaient autour de Paris, comme Jean-François Millet, mais aussi par des artistes néerlandais du XVIIe comme Rembrandt et Frans Hals. Gardant ces modèles à l'esprit, il peignait des tableaux dans des tonalités sombres. Au cours de sa période néerlandaise, pendant laquelle il ne s'était pas encore acoquiné avec les coloris plus légers et ensoleillés des impressionnistes français, il resta fidèle aux sombres couleurs terre. Tandis qu'il apprenait à dessiner et à peindre, il avait décidé de devenir un peintre paysan, sur les traces des artistes des XVIIe et XIXe siècles.

## Le premier chef-d'œuvre

Après avoir réalisé des douzaines d'études de paysans qui travaillaient la terre, leurs portraits, et en peignant des paysages dans des tons sombres, Van Gogh ressentit finalement qu'il avait réalisé quelques chose de valable. La première œuvre qu'il avait osé exposer était *Les mangeurs de pommes de terre*. Plusieurs études de fermiers et de portraits de la famille De Groot ont précédé la pièce. *Les mangeurs de pommes de terre* est la première et dernière étude d'un groupe de personnages que Van Gogh devait jamais réaliser, et fut précédée de mois de réalisation de croquis. Il produisit même une lithographie de cette grande étude de personnages, qu'il envoya à plusieurs personnes. Au total, on en dénombre dix-sept ou peut-être dix-huit impressions encore en circulation. *Les mangeurs de pommes de terre* joue un rôle clé dans l'œuvre de Van Gogh.

Il fut grandement déçu par la réception peu enthousiaste reçue par son travail, et c'est le moins qu'on puisse dire. C'était compréhensible : même encore aujourd'hui, il est difficile d'apprécier la maladresse assez grossière de la famille fermière des De Groot attablée dans sa petite masure délabrée. En plus, le tableau est lugubre et sombre, ce qui correspond difficilement à notre vision actuelle de la beauté.

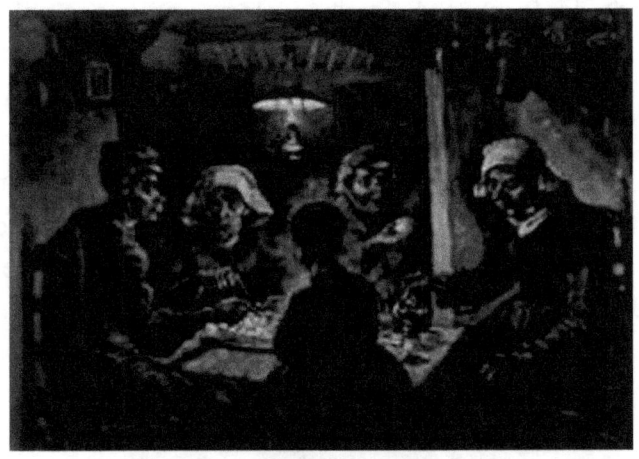

Vincent van Gogh, *Les mangeurs de pommes de terre*
Nuenen, 1885
© Fondation Vincent van Gogh
(Musée Van Gogh, Amsterdam)

À PROPOS DE LA PEINTURE : « En même temps, je travaille sur ces paysans se retrouvant autour d'un plat de pommes de terre. J'en reviens à peine – et j'y ai travaillé plus en avant à la lueur de la chandelle – bien que cette fois je l'aie commencé à la lueur du jour. Regarde, c'est ce que cette composition est maintenant devenue. Je l'ai peinte sur une toile assez grande, et, tel qu'est à présent le croquis, je crois qu'on y voit de la vie. » [Lettre 492, Nuenen, le 9 avril 1885] Et : « De toute façon, j'essaye de plus en plus d'être moi-même, relativement indifférent au fait que les gens puissent penser que cela soit très laid ou au contraire meilleur que d'ordinaire. »

Voyons comment l'artiste Anthon van Rappard, un ami proche de Van Gogh, réagit à la lithographie des *Mangeurs de pommes de terre* : « Tu peux faire mieux que cela — heureusement ; mais pourquoi, alors, observer et traiter tout de manière si superficielle ? Pourquoi ne pas étudier le mouvement ? Ils sont en train de poser. Cette petite main coquette de la femme à l'arrière-plan, comme c'est artificiel ! Et quelle connexion y a-t-il entre la cafetière, la table et la main qui repose sur le dessus de la poignée ? Et que fait cette cafetière, d'ailleurs ; elle n'est pas posée, elle n'est pas soulevée, alors quoi ? Et pourquoi cet homme sur la droite n'a t-il ni genou, ni ventre, ni poitrine ? Ou bien sont-ils dans son dos ? Et pourquoi son bras doit-il être un mètre trop petit ? » [Lettre 503, Utrecht, le 24 mai 1885]

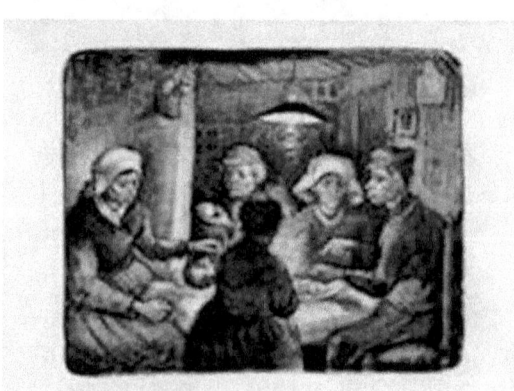

Vincent van Gogh, *Les mangeurs de pommes de terre*
(lithographie), Nuenen, 1885
© Fondation Vincent van Gogh
(Musée Van Gogh, Amsterdam)

Et les critiques continuaient encore et encore. Van Gogh fut extrêmement offensé et renvoya immédiatement la lettre. Ce fut la fin de leur relation.

Il réalisa toutefois que ce genre de critique voulait dire qu'il était sur le bon chemin ! Dessiner des personnages anatomiquement corrects n'était pas ce qu'il avait en tête. Il désirait peindre ce qu'il ressentait, ce qui, à ses yeux, était la vérité !

Dans le cas des *Mangeurs de pommes de terre*, il voulait représenter la dignité naturelle des paysans. La dureté de leurs vies devait être visible. Il fallait pour cela en exagérer les traits, pour que la soi-disant bourgeoisie distinguée soit capable de comprendre.

Quelques années après avoir créé *Les Mangeurs de pommes de terre*, Van Gogh pensait toujours que cela était sa meilleure œuvre jusque-là et conseilla à Théo de la placer dans un cadre doré.

# PARIS :

# AU CENTRE DU MONDE DE L'ART MODERNE

Pendant son séjour à Nuenen, Van Gogh parlait sans cesse d'Anvers comme de la ville que Théo et lui devaient visiter pour trouver des opportunités commerciales pour leur travail. Il pressentait que ses tableaux pouvaient rivaliser avec ceux des autres et entrevoyait énormément d'ouvertures pour sa carrière de peintre. Il partit pour Anvers et travailla dur pour tenter de vendre son travail en le présentant à plusieurs marchands, puis essaya de gagner sa vie en réalisant des portraits, mais ceci sans succès. Bien qu'il ait discuté avec Théo d'un déménagement à Paris, et avait accepté d'attendre que Théo puisse louer un appartement plus grand, il débarqua à Paris sans prévenir : « Ne m'en veux pas d'être venu tout d'un trait. J'y ai tant réfléchi. » [Lettre 567, Paris, aux alentours du 28 février 1886]

La nature imprévisible et manipulatrice de Van Gogh rendait la cohabitation entre les frères difficiles. Il semble même qu'ils aient vécu séparément pendant un temps. Les amis et les connaissances de Théo cessèrent progressivement de lui rendre visite, et ses nuits agréables au théâtre et au concert avec les clients affluents de la compagnie d'art prirent soudainement fin. Van Gogh exigea qu'en tant que frères, ils fassent tout ensemble, mais il était socialement inadapté. Les néerlandais ont la réputation d'être directs, mais Vincent força ce trait de caractère à outrance, offensant tout le monde, une chose que Théo, marchand d'art prospère, voulait éviter.

Comme les frères se voyaient tous les deux jours, il n'existe aucune correspondance de l'époque parisienne. Cette absence de lettres est l'une des raisons pour lesquelles cette période a donné naissance à un nombre relativement élevé de faux Van Gogh.

D'un point de vue artistique, Van Gogh vint à Paris au bon moment, même s'il ne s'en rendait pas vraiment compte. Les impressionnistes triomphaient à Paris et c'est à ce même moment que Seurat, Signac et Pissarro commencèrent à réaliser leurs tableaux pointillistes. Après avoir étudié plusieurs théories scientifiques sur la couleur, Georges Seurat – s'inspirant d'expériences de Camille Pissarro – avait achevé sa première œuvre pointilliste, *La Grande Jatte*. Le tableau fut exposé pour la première fois en 1887, alors que Van Gogh était à Paris.

Van Gogh commença aussi à expérimenter avec cette technique, ce qui est clairement visible dans un grand nombre d'œuvres, comme l'*Intérieur d'un Restaurant* reproduit ci-dessous.

Cette œuvre parisienne montre la transition entre les tonalités de terre sombres de Nuenen et les couleurs plus lumineuses des impressionnistes, dont quelques uns étaient des amis. Pourtant, Van Gogh n'avait pas encore trouvé son propre style. Cela devait arriver à Arles.

Si l'on considère qu'un tableau comme *Les mangeurs de pommes de terre* fut réalisé seulement deux ans auparavant, on se rend bien compte de la transformation et des progrès rapides effectués par Van Gogh.

# Liesbeth Heenk

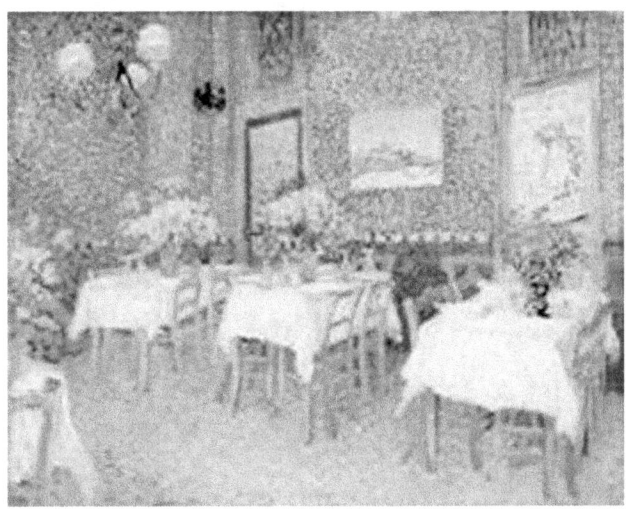

Vincent van Gogh
*Intérieur d'un restaurant*, Paris, été 1887
© Musée Kröller-Müller, Otterlo

À PROPOS DE LA PEINTURE : Dans l'*Intérieur d'un restaurant*, Van Gogh essaya de placer l'une à côté de l'autre des petites touches de couleurs. Au lieu d'appliquer laborieusement les points de couleur un par un, il maniait son pinceau en mouvements plus amples. Quand on prend un certain recul, une parité systématique des couleurs complémentaires est seulement visible en quelques endroits, et, dans l'ensemble, le tableau semble avoir été réalisée à la hâte. Elle peut être considérée comme l'une des œuvres les plus purement pointillistes de Van Gogh. Le chapeau haut-de-forme accroché dans un coin de la pièce, les verres renversés sur les tables et les bouquets de fleurs indiquent qu'il s'agit d'un restaurant fréquenté par la bourgeoisie. À la peinture manque la traditionnelle signature de « Vincent », mais elle contient une autre « signature » sous la forme d'un de ses tableaux sur le mur du restaurant : *Le Parc à Asnières*. Van Gogh considérait probablement ce travail non-signé comme une étude.

# DES HAUTS ET DES BAS À ARLES

La vie parisienne était trop agitée pour Van Gogh, et il montrait des signes de stress mental entraîné par les pressions de la vie urbaine. Les foules, une vie sociale intense, mais aussi l'alcool, commencèrent à l'affecter – de l'absinthe l'après-midi, du vin au dîner, de la bière gratuite aux cafés-concerts et, à chaque heure de la soirée, son cognac favori. Quand, en février 1888, il arriva à Arles, une ville de Provence, dans le sud de la France, il se rendit compte qu'il était devenu quasiment alcoolique.

À Arles, il pensa avoir trouvé la lumière du sud et se remit doucement. Plus tôt, il avait découvert les estampes du japonais Ukiyoe, qui avait causé une sensation parmi les artistes et le public de l'époque. La lumière et encore plus la couleur l'avaient fasciné, ce qui se voit clairement dans son travail. Il comprit qu'il ne pourrait jamais imiter la nature ensoleillée du sud avec les couleurs terre, sombres, de l'école de La Haye, et il augmenta l'intensité des tonalités impressionnistes et joyeuses qu'il avait découvertes à Paris.

À Arles, il utilisait occasionnellement des teintes pastels, mais plus fréquemment des rouges intenses, des jaunes, bleus et verts vifs, quelques fois sortis directement du tube. Il travaillait sans relâche, créant un nombre impressionnant de dessins et de peintures, ainsi que ses meilleurs paysages et portraits.

Van Gogh avait pleinement conscience de la relation entre la coloration et l'émotion et l'exploitait avec brio. C'est en effet son usage de la couleur qui le singularise, et ses tableaux sont remarquables pour la richesse de leurs tonalités. Et quand on imagine qu'elles étaient beaucoup plus fortes à l'époque de leur réalisation ! Van Gogh savait qu'elles s'estomperaient, et avait incorporé cette variable dans ses peintures.

Son art atteignit sa maturité dans le sud, né de la nature basée sur l'instinct, sans prétentions ni logique, comme il le ressentait. Il n'essaya pas d'imiter la réalité, mais la recréait telle qu'il la voyait, sur la base de son imagination. C'est alors que ses couleurs devinrent des symboles. Le rouge et le vert, par exemple, furent utilisés pour exprimer les passions humaines. Un visage pouvait bien être vert et orange s'il pensait que ces teintes s'accordaient à ses sentiments. Il croyait que toute réalité était symbolique. Il écrivit ce qui suit à son ami et collègue artiste Emile Bernard : « Je ne peux réellement me préoccuper de la vérité des couleurs tant qu'elles rassasient une soif d'infini ».

Ce fut à Arles qu'il produisit les tableaux les plus appréciés de son œuvre : *Les Tournesols*, *L'Arlésienne*, *La Chambre de Van Gogh à Arles*, des auto-portraits fascinants et des visions des magnifiques champs de La Crau. Ses peintures de champs de blé sont de véritables symphonies dorées. Ces chefs-d'œuvre sont considérés comme les meilleurs de sa carrière. Van Gogh avait trouvé son style et réalisait des avancées artistiques ultra-rapides. Après huit années, il était au faîte de ses capacités, exprimant l'essence et le caractère véritables des sujets qu'il avait observés.

Il se considérait comme un peintre de silhouettes et de portraits, même s'il semblait plutôt exceller dans la peinture des paysages, capturant la beauté de la nature dans des couleurs éblouissantes ainsi que ses émotions les plus profondes. Il travaillait sur des portraits dès qu'il en avait l'opportunité, et disait : « Je pense souvent que les portraits sont plus sérieux et d'une meilleure qualité que le reste de mon travail ».

De nos jours, les œuvres de la période d'Arles comptent parmi les plus appréciées. Toutefois, à l'époque, elles n'étaient ni comprises, ni estimées. Son art, avec ses formes distordues et exagérées, ses formes et ses couleurs brutes, a été souvent perçu comme le travail d'un aliéné. « C'est un fou », disait-on. Van Gogh était extrêmement sensible aux stimuli visuels. Il peut y avoir eu un lien entre sa maladie et sa créativité.

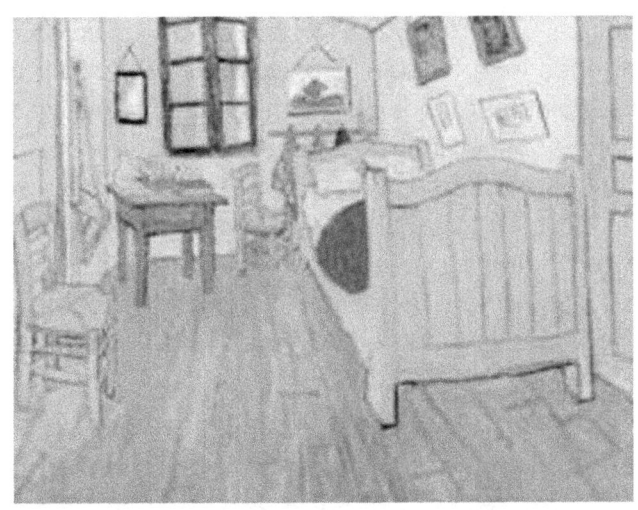

Vincent van Gogh, *La chambre de Van Gogh à Arles*,
Arles, octobre 1888
© Fondation Vincent van Gogh
(Musée Van Gogh, Amsterdam)

À PROPOS DU TABLEAU : C'est une représentation de la chambre à coucher de Van Gogh dans la Maison Jaune à Arles. Van Gogh rêvait de fonder une colonie d'artistes dans la Maison Jaune où des âmes sœurs pourraient vivre et travailler ensemble. Épuisé après une semaine passée à travailler comme un fou, dehors, dans les champs, il dut rester à l'intérieur pour se protéger d'un violent mistral (un vent sauvage et froid qui vient du nord) et commença à travailler sur le tableau de sa propre chambre à coucher : « C'est cette fois-ci ma chambre à coucher tout simplement, seulement la couleur doit ici faire la chose et en donnant par sa simplification un style plus grand aux choses, être suggestive ici *du repos* ou *du sommeil* en général. Enfin la vue du tableau doit *reposer* la tête ou plutôt l'imagination. Les murs sont d'un violet pâle. Le sol est à carreaux rouges. Le bois du lit et les chaises sont jaune beurre frais. Le drap et les oreillers citron vert très clair. La couverture rouge écarlate. La fenêtre verte. La table à toilette orangée, la cuvette bleue. Les portes lilas. Et c'est tout – rien dans cette chambre à volets clos. La carrure des meubles doit maintenant encore exprimer le repos inébranlable. Des portraits sur le mur et un miroir et un essuie-mains et quelques vêtements. Le cadre – comme il n'y a pas de blanc dans le tableau – sera blanc. Cela pour prendre ma revanche du repos forcé que j'ai été obligé de prendre. J'y travaillerai encore toute la journée demain mais tu vois comme la conception est simple. Les ombres et ombres portées sont supprimées, c'est coloré à teintes plates et franches comme les estampes japonaises. » [Lettre 705, Arles, le 16 octobre 1888]

La façon dont Van Gogh peignait mérite que l'on s'y penche avec attention. Il travaillait rapidement et intuitivement, ce qui est évident si l'on observe la surface peinte, qui est si vivante ! Plusieurs tableaux semblent avoir été réalisés dans l'urgence ; des émotions turbulentes, capturées dans la peinture. Sa touche montre une grande variété. Tenez-vous aussi proche que possible des toiles pour suivre ses coups de pinceaux frénétiques : des stries, des points, des virgules, des vagues et beaucoup d'autres variations. Parce qu'on peut suivre ses mouvements, on a l'impression de prendre part au processus créatif. Nous sommes emportés par le dynamisme de la peinture, qui nous saute presque au visage. De larges tâches épaisses de peinture, des coups de pinceaux énergiques. Quel sens de la couleur ! Nous voilà presque hypnotisés par les torsions et les mouvements circulaires des cieux, ou attirés par les yeux perçants et inquisiteurs des auto-portraits.

Ce n'est pas grave si les sujets ne sont pas anatomiquement corrects. Pour Van Gogh, ce qui importait était de transmettre la vérité. On peut ressentir la passion d'un artiste qui donne tout sans se retenir. Ces œuvres qu'il a peintes si vite et avec tant d'intensité se rapprochent de la définition de l'art à laquelle j'adhère personnellement : « l'art en tant qu'émotion figée ou capturée ». Ce n'est pas pour rien que ces peintures sont considérées comme les meilleures qu'il ait réalisées.

Van Gogh aimait explorer les alentours à pied, travaillant « chargé comme un porc-épic avec bâtons, chevalet et toile. » Il sortait avec tout son équipement de peinture dans le mistral et peignait un paysage en une seule session ! Il travaillait sans sourciller dans les champs de blé pendant les heures les plus chaudes du jour. Et on peut presque sentir la chaleur du soleil quand on fixe la boule de lumière jaune dans le large ciel bleu.

Van Gogh avait conscience que sa façon turbulente et énergique de peindre ne toucherait pas son public. À son ami Emile Bernard, il écrivit : Je « ne suis aucun système de touche, je tape sur la toile à coups irréguliers que je laisse tels quels, des empâtements, des endroits de toile pas couverte – par-ci, par-là des coins laissés fatalement inachevés – des reprises, des brutalités, enfin le résultat est, je suis porté à le croire, assez inquiétant et agaçant pour que ça ne fasse pas le bonheur des gens à idées arrêtées d'avance sur la technique. » [Lettre 596, Arles, aux alentours du 12 avril 1888]

Toutefois, ses lettres révèlent qu'il ne doutait pas de la valeur de son travail. Il était convaincu qu'il finirait par être apprécié.

Comme le dirait plus tard Franz Marc, le peintre expressionniste, et j'en donne une traduction libre : « Il n'y a pas de plus grande réussite que de représenter un objet de nature très ordinaire et d'y mettre tout votre espoir et toutes vos attentes. » C'est véritablement ce que fit Van Gogh. Il essaya toujours de représenter la véritable nature d'un arbre ou d'un paysage, pas leur apparence, mais ses propres sentiments, nous offrant l'expérience des émotions de l'artiste.

Malgré ses explosions créatrices de cette période, dans sa vie personnelle, les choses allaient moins bien. Chaque jour il prenait le remède que Dickens avait « prescrit » contre le suicide : un verre de vin, un bout de pain avec du fromage et une pipe de tabac. Il se sentait malade, nerveux et stressé à cause de son échec artistique, et était inquiet de ne pas vendre et de rester ainsi dépendant des allocations mensuelles de Théo. Pourquoi son travail ne se vendait-il pas ? En attendant, peindre était le meilleur médicament pour tenir les pensées moroses à l'écart.

Quand il fut à court de toiles et de peinture il se tourna vers le dessin. Ce fut pendant son séjour arlésien qu'il réalisa ses meilleurs dessins.

## Van Gogh & Gauguin

L'idée d'une collaboration entre artistes, d'une confrérie artistique, était importante pour Van Gogh. Il rêvait de créer une colonie harmonieuse d'artistes à Arles. Pour accomplir ceci, tous ses espoirs reposaient sur Paul Gauguin. Quand Gauguin se plaignit de sa santé et du manque d'argent, Van

Gogh essaya de le persuader de venir se requinquer dans le sud. En utilisant le soutien financier de Théo comme appât, il parvint à convaincre Gauguin, après avoir longuement plaidé et quémandé, de venir vivre à la Maison Jaune arlésienne. Enfin, son rêve de toujours semblait se concrétiser avec l'arrivée de son confrère. La Maison Jaune, avec ses quatre chambres, fonctionnerait comme quartier général de son Studio du Sud et serait dirigée par Théo.

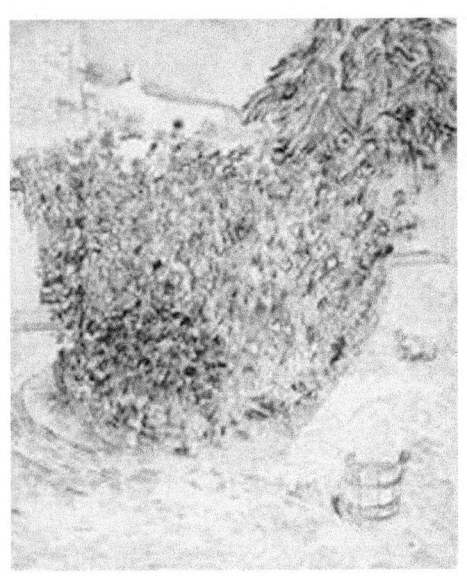

Vincent van Gogh
*Jardin d'une maison de santé*, dessin à la plume, Arles, août 1888
© Fondation Vincent van Gogh
(Musée Van Gogh, Amsterdam)

Gauguin, un homme égoïste et égotiste, arriva finalement à la Maison Jaune en octobre 1888. Dans l'attente de sa venue, Van Gogh avait redécoré l'habitation et avait déniché de nouveaux meubles. Une série de nouveaux tableaux comme

*Les Tournesols* et *La Berceuse* fut réalisée pour que Gauguin se sente chez lui dans sa chambre. Pas moins de six versions des *Tournesols* furent produites pour faire plaisir à Gauguin.

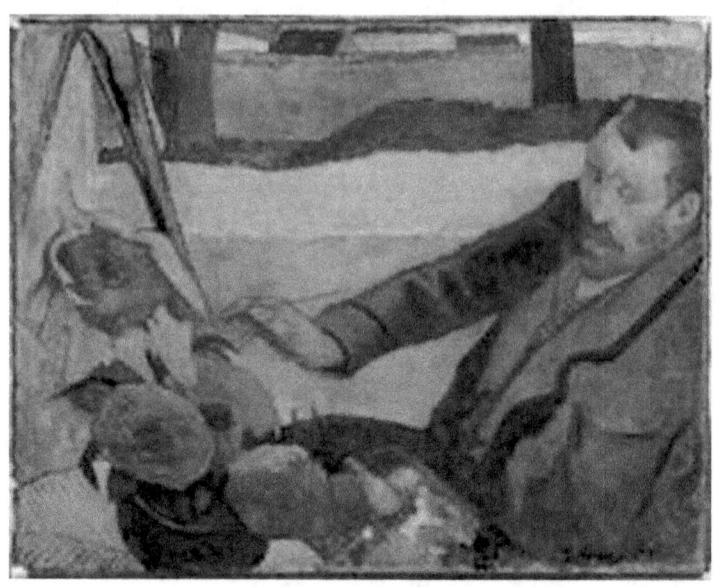

Paul Gauguin
*Portrait de Van Gogh peignant des Tournesols*
Arles, 1888
© Fondation Vincent van Gogh
(Musée Van Gogh, Amsterdam)

Au début, la collaboration entre les deux hommes semblait fonctionner. Ils peignaient, buvaient et mangeaient ensemble et, la nuit venue, se distrayaient de conserve. Van Gogh disait de Gauguin qu'il avait la chance de posséder une maladie du foie. Malgré tout, des idées conflictuelles sur l'art et la signification de la qualité d'artiste causaient des tensions, pas seulement sur un plan professionnel, mais aussi personnel. Selon Gauguin, Van Gogh, qui préférait peindre et dessiner ce qu'il avait sous les yeux, aurait dû se mettre à peindre de mémoire. Mais cette méthode ne fonctionnait tout simplement pas pour Van Gogh.

Pas un jour ne se passait sans une dispute. Gauguin se plaignait du vent, du froid, d'Arles et de ses habitants, du chaos dans le studio de Van Gogh et du fait que les finances de ce dernier étaient dans un état encore plus déplorable ; leurs tempéraments n'étaient pas adaptés à une collaboration mutuelle.

## L'incident de l'oreille

Van Gogh, de son côté, avait espéré l'arrivée de Gauguin depuis tellement longtemps, que cette situation devait précipiter l'incident bien-connu de l'oreille. Il y a eu beaucoup (peut-être trop) d'études sur l'incident. Des médecins amateurs d'art ont écrit des traités médicaux à propos de l'oreille, pour définir la partie exacte qui fut coupée. En 2009, deux scientifiques allemands qui avaient passé 10 ans (!) à rechercher la question, publièrent un livre, concluant que ce n'était pas Van Gogh, mais Gauguin qui avait causé la blessure à l'oreille avec un poignard. La correspondance laisse tant de place à l'interprétation que les spéculations sont aisées – il existe toujours une phrase qui soutiendra votre propre théorie. Mais rien n'est sûr.

Le consensus toutefois est que, le 23 décembre 1888, Van Gogh souffrit d'une dépression nerveuse aggravée et amputa une partie de son oreille gauche durant une crise entraînée par le stress causé par le départ annoncé de Gauguin. Apparemment, il enveloppa le lobe dans un journal et le déposa à la maison close dans laquelle il pensait que Gauguin résidait, avec une note disant « Souviens-toi de moi ». Selon le journal hebdomadaire d'Arles, *Le Forum Républicain*, voici ce qui se passa :

« Dimanche dernier, à onze heures et demie du soir, un certain Vincent vangogh [sic], un artiste originaire des Pays-Bas, se présenta au bordel du numéro 1. Il demanda une certaine Rachel et lui donna l'oreille en lui disant : « Prends-en grand soin ». Puis, il quitta les lieux. Quand les forces de police prirent connaissance du fait, qui ne pouvait être que l'acte d'un pauvre dément, ils se rendirent chez lui dès le lendemain matin. Il était allongé sur son lit, presque sans vie. L'infortuné fut immédiatement admis à l'hôpital. » Les nouvelles parvinrent aussi à Paris, dès le 26 décembre, et furent publiées dans *Le Petit Journal*.

Son comportement provoqua une onde de choc parmi les résidents du quartier et motiva une pétition pour l'internement du « fou roux » dans un hôpital. Revenant sur ses journées, Van Gogh ne put se souvenir de quoi que ce soit, et fut hospitalisé à Arles le jour suivant.

Cela marqua le début d'une période d'instabilité psychologique et d'enfermement en isolement. Van Gogh était catastrophé par le fait d'être enfermé, et souffrit de plusieurs dépressions, quittant l'hôpital et y retournant à de multiples reprises. Il pensa même rejoindre la légion étrangère, motivé par son physique puissant. Toutefois, effrayé par la nature imprévisible de sa maladie, il accepta d'être admis dans un asile, se rendant compte qu'il représentait un danger potentiel pour lui-même et pour les autres. Il semble que Van Gogh ait souffert d'une forme particulière d'épilepsie appelée épilepsie du lobe temporal. Il paraîtrait aussi avoir été maniaco-dépressif. Ses fréquentes crises de colère, sa paranoïa et ses relations sociales mal-ajustées corroborent l'hypothèse. C'est une maladie terrifiante qui comprend des épisodes déclenchés par des sentiments forts d'anxiété et de stress, et même par des stimuli visuels comme la lumière. Il entendait des voix et perdait connaissance.

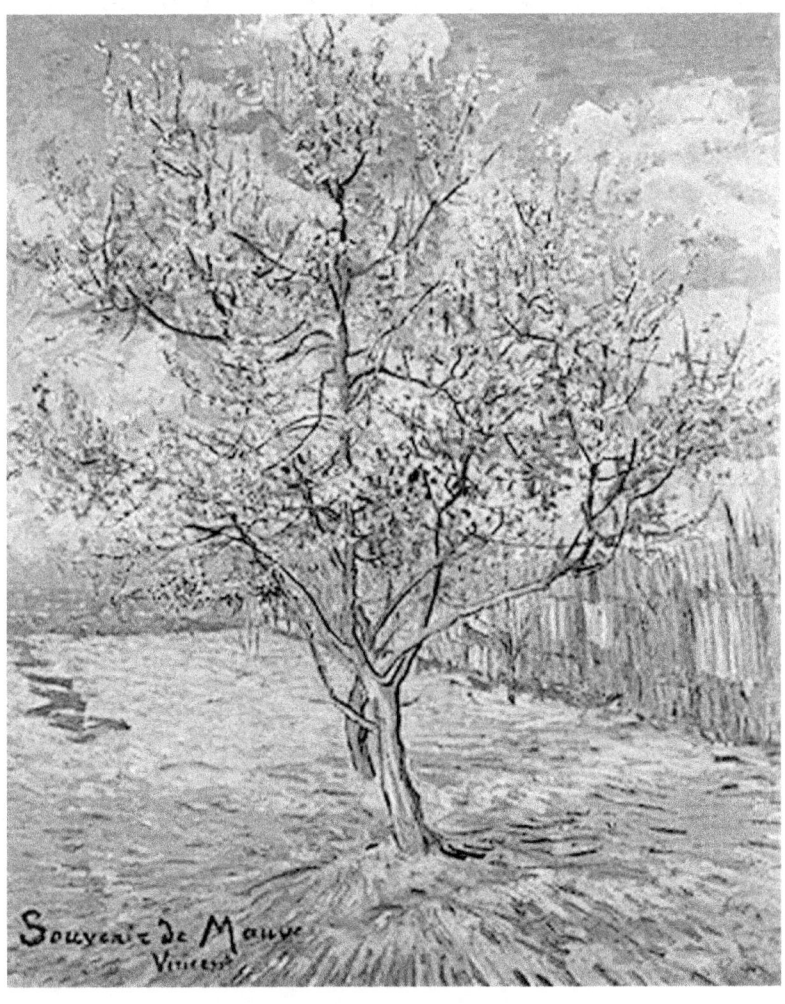

Vincent van Gogh, *Pêcher en fleur ('Souvenir de Mauve')*
Arles, mars 1888
© Musée Kröller-Müller, Otterlo

À PROPOS DE LA PEINTURE : Cinq semaines après son arrivée à Arles, Van Gogh commença à peindre une série de vergers en fleurs, réalisant au total 14 pièces. Aucune ne représente des gens, seulement des arbres en floraison glorieuse. Cette peinture en particulier a un statut spécial. Van Gogh écrivit à son frère : « J'avais travaillé une toile [...] en plein air dans un verger – un terrain lilas labouré, une clôture en roseaux – deux pêchers roses contre un ciel glorieux bleu et blanc. Probablement le meilleur paysage que j'aie fait. Au moment où je l'ai rapporté chez moi je reçois de la part de notre sœur un écrit hollandais dédié à la mémoire de Mauve... Seulement un je-ne-sais-quoi m'a empoigné et serré la gorge d'émotion et j'ai écrit sur mon tableau *Souvenir de Mauve Vincent & Théo* » [Lettre 591, Arles, aux alentours du 1 avril 1888]

# ENFERMÉ À SAINT-RÉMY

D'abord voulu comme une mesure temporaire, Van Gogh devait finalement rester interné à l'asile pendant une année entière, de mai 1889 à mai 1890. Malgré diverses attaques, pendant lesquelles il était incapable de faire quoi que ce soit, Van Gogh réussit à peindre des tableaux magnifiques au sein de l'asile ou aux environs. On lui interdit plusieurs fois de sortir au-dehors ou même à l'extérieur de sa propre chambre, mais il pouvait parfois se promener tout seul, selon son état d'esprit.

La paix, le calme et particulièrement une vie réglée lui convenaient bien ; tout cela avait un effet stabilisant sur sa santé physique et mentale. « Je laboure comme un vrai possédé, j'ai une fureur sourde de travail plus que jamais et je crois que ça contribuera à me guérir. » [Lettre 800, Saint-Rémy, entre le 5 et le 6 septembre 1889]

Le travail était sa distraction favorite. Se retrouver parmi d'autres patients réduisit sa peur de la folie, et il n'avait pas à se soucier de se procurer à boire et à manger. D'un autre côté, il considérait son séjour comme terriblement engourdissant et fatiguant à cause de la monotonie de la vie à l'intérieur de l'asile. L'inactivité relative des autres patients, passant leur journée à prendre des bains, lui porta aussi sur les nerfs.

Il prit grand soin de s'isoler et travaillait en ayant conscience qu'une crise pouvait arriver à n'importe quel moment, ce qui aurait rendu son travail impossible. Il lui manquait souvent le courage de quitter sa chambre ; la plus petite chose pouvait entraîner une nouvelle attaque. Il avait du mal à combattre le stress, à cause de la peur toujours grandissante de voir ses dépenses continuer alors que ses toiles restaient invendables. Et il était encore très déçu de l'échec du studio du sud.

En arrivant, il observa le monde extérieur à travers les barreaux de la fenêtre de sa cellule. Fidèle à lui-même, il réalisa instantanément un chef-d'œuvre. Dans le jardin de l'asile, il peint et dessina des fleurs et des buissons, comme ses *Iris* phénoménaux (1889), un tableau qui sera vendu aux enchères en 1987 pour 49 millions de dollars (alors la peinture la plus chère jamais vendue aux enchères). Quand il n'était pas autorisé à peindre, il trouvait refuge dans le dessin. Derrière ses fenêtres à barreaux, ou assis dans le jardin de l'asile, il réalisa de magnifiques toiles de champs de blé et de ciels aux nuages tourbillonnants. Je ne peux plus regarder un champ de blé de la même manière – ils me rappellent immédiatement Van Gogh. Dans ces champs de blé parcourus par les semeurs, il exprimait sa vision panthéiste de la nature.

Van Gogh observait tout avec un œil de peintre, même les gardes de l'asile et ses infortunés résidents. Il imaginait que les cloîtres aux corridors vides seraient formidables pour y exposer de l'art ! La tragédie fut qu'il avait toujours cherché des opportunités pour vendre de l'art, montrer son art et aider d'autres artistes, et qu'il avait échoué misérablement. Il observait de près les autres patients : « La salle où l'on se tient les jours de pluie est comme une salle d'attente 3ème classe dans quelque village stagnant, d'autant plus qu'il y en a d'honorables aliénés qui portent toujours un chapeau, des lunettes, une canne et une tenue de voyage, comme aux bains de mer à peu près, et qui y figurent les passagers. » [Lettre 776, Saint-Rémy, aux alentours du 23 mai 1889]

Liesbeth Heenk

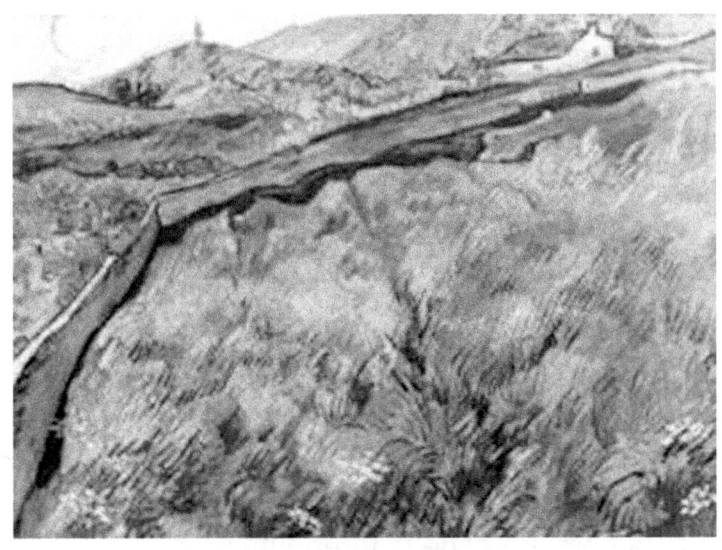

Vincent van Gogh, *Champ de blé clôturé au lever du soleil*,
Saint-Rémy, fin mai 1889
© Musée Kröller-Müller, Otterlo

À PROPOS DE LA PEINTURE : De sa fenêtre du pavillon des hommes, Van Gogh pouvait apercevoir cette vue du champ de blé, un panorama qui devint son sujet favori. « À travers la fenêtre barrée de fer j'aperçois un carré de blé dans un enclos, une perspective à la van Goyen au-dessus de laquelle le matin je vois le soleil se lever dans sa gloire. » [Lettre 776, Saint-Rémy, aux alentours du 23 mai 1889]

Le médecin de Van Gogh à l'asile, le Dr Peyron, conclut que Van Gogh souffrait de manie aiguë avec hallucinations visuelles et auditives et il conseilla de le placer sous observation de longue durée. Théo, qui avait parlé au Dr Peyron, écrivit à son frère : « Il ne te considère pas du tout comme fou & dit que les crises que tu as eues sont de nature épileptique. » [Lettre 807, Paris, le 4 octobre 1889]

# Van Gogh

Pour Van Gogh, le diagnostic était rassurant, jusqu'à ce qu'il souffre de plusieurs autres attaques. Il craignait qu'elles ne reviennent et que cela ne finisse par l'empêcher de travailler. Et en effet, au milieu du mois de juillet, en peignant *L'entrée de la carrière de pierre*, il souffrit d'une autre attaque et avala de la peinture, matière toxique, ce qui força le directeur de l'asile à confisquer son matériel de travail pendant un mois et demi.

Pour Van Gogh, ce fut un véritable drame, qui le plongea dans une dépression profonde. Durant son séjour à Saint-Rémy, il tenta de se suicider par empoisonnement à deux reprises, avalant de la peinture et de la térébenthine.

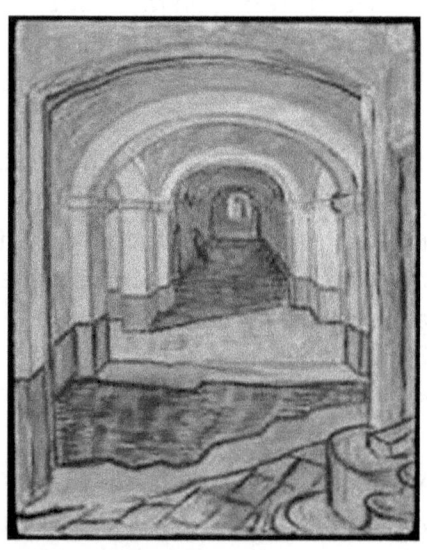

Vincent van Gogh, *Couloir dans l'asile*, aquarelle,
Saint-Rémy, septembre 1889
© The Metropolitan Museum of Art, New York,
legs d'Abby Aldrich Rockefeller, 1948

Van Gogh a toujours été un homme assez robuste. Tandis que son état mental était instable, il était doté d'un physique assez fort, malgré quelques problèmes d'estomac et des dents abîmées. Il observa, assez finement, que « ... pour rester assidu au chevalet il n'est pas nécessaire d'être un hercule. » [Lettre 800, Saint-Rémy, entre le 5 et le 6 septembre 1889]

# LA FIN : SES DERNIERS MOIS À AUVERS

Quand l'état de Van Gogh fut à peu près stable, il envisagea de déménager plus au nord, près de Théo, qui vivait à Paris. Quand Vincent était à l'asile, son travail avait finalement commencé à éveiller une certaine attention. Un article favorable sur lui avait même été publié dans le magazine *Le Mercure de France*. Camille Pissarro, un peintre impressionniste qui était profondément respecté par la jeune génération des artistes et représentait pour eux une figure paternelle, conseilla à Théo de prendre Paul Gachet pour médecin. Cet homéopathe et spécialiste des « désordres nerveux » était aussi un peintre amateur et un graveur, vivant à Auvers-sur-Oise, un village à environ 30 kilomètres au nord-est de Paris qui avait attiré de nombreux artistes. Après une brève escale à Paris, Van Gogh arriva au village le 20 mai 1890. Cela serait sa dernière demeure.

Il s'installa à l'auberge Ravoux et devint ami avec Paul Gachet, qui lui conseilla de beaucoup travailler. L'épilepsie était considérée comme une maladie qui empirait avec le temps, affectant le corps et l'âme de manière morbide. La conscience de cette maladie peut avoir donné au peintre un sentiment d'urgence. Il se donna furieusement parce qu'il savait que les opportunités de travailler ne reviendraient pas. Il réalisa un nombre important d'œuvres durant ces derniers mois, avec un dévouement extrême : des champs de blé, des champs de maïs, des fermes et des portraits, comptant parmi eux les célèbres portraits du Dr Gachet et de sa famille. Le total de sa production d'alors s'élevait à 70, ce qui représente un rendement incroyablement élevé pour les 70 jours que dura son séjour.

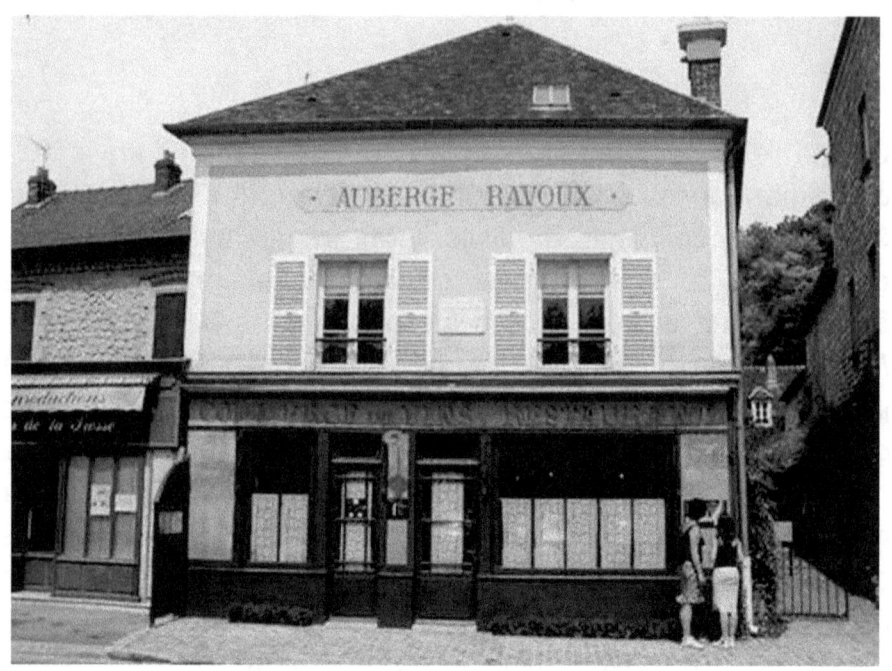

l'Auberge Ravoux à Auvers (2006)
© Wikipedia

Malgré cette production énorme, son cœur était lourd. « Je me sens – un échec – je veux dire moi-même – je ressens que c'est le destin que j'accepte. Et qui ne changera plus. » [Lettre BM20] Et dans une lettre non-envoyée datée du 25 mai 1890 : « Je suis décidément certain que je ne ferai jamais rien d'important ».

Les mois qui précédèrent sa mort pesèrent lourdement sur Van Gogh ; son état d'esprit général était lugubre. Il n'avait jamais lié aucun contact avec la population du petit village. La population locale ne savait rien de son séjour en institut psychiatrique, mais ne voulut pas avoir affaire à cet étrange vagabond, qui s'était lui-même coupé les cheveux, avait une oreille mutilée, et se baladait en habits de fermier.

## Un boulet au pied de son frère

Désespéré par l'impossibilité de vendre son travail, il ressentait une profonde culpabilité envers son frère, qui le soutenait toujours financièrement en échange de ses œuvres. Depuis le 13 janvier 1890, Théo, dont la santé était précaire, avait aussi à sa charge son nouveau-né Vincent Willem et sa femme Jo, qu'il avait eu le bonheur d'épouser en avril 1889. S'ajoutant à cela, Théo vivait sous la menace d'un renvoi, à cause de problèmes à la filiale parisienne de la compagnie d'art Goupil qu'il dirigeait. C'était trop dur à supporter pour Vincent. Il comprenait la vulnérabilité de sa propre situation et percevait plus que de coutume qu'il était une charge pour son frère Théo.

Dans une des lettres qui ne furent jamais envoyées, Van Gogh écrivit :

« Eh bien, mon travail, je suis à risquer ma vie pour lui, et il m'a coûté une bonne partie de ma santé mentale. » [RM25, Auvers, le 23 juillet 1890] La folie était le prix qu'il avait payé pour être un artiste poursuivant un but. Cette lettre fut trouvée sur lui après sa mort.

Lors d'une chaude journée d'été, le dimanche 27 juillet 1890, Van Gogh rentra en boitillant vers l'auberge après le crépuscule, sans son inséparable besace de peintre et sans son chevalet. La famille Ravoux et quelques logeurs qui étaient assis à l'extérieur sur le patio à cause de la chaleur le virent arriver. Sans dire un mot, il les dépassa et monta dans sa chambre. L'aubergiste, Gustave Ravoux, monta jeter un coup d'œil parce qu'il sentit que quelque chose n'allait pas. Van Gogh était prostré sur son lit, recroquevillé de douleur. « Je me suis blessé », répondit Van Gogh à la question de l'hôtelier.

Deux jours plus tard, le 29 juillet, il décéda des blessures causées par deux balles dans la poitrine. Théo vint de Paris en toute hâte et resta assis à son chevet jusqu'à l'issue finale. Le 30 juillet, Vincent fut enterré à Auvers. Théo accrocha plusieurs tableaux dans l'auberge Ravoux, tandis que la table de billard servit de bière. De la verdure fut disposée au-dessus du cercueil, ainsi que les fleurs favorites de Vincent, des tournesols. L'aumônier refusa de prêter l'église d'Auvers, sûrement à cause du suicide présumé ou du protestantisme de Van Gogh, ou parce que ce dernier n'avait pas été un citoyen respecté du village.

Théo et la procession durent donc effectuer une longue marche avec le cercueil depuis l'auberge vers un nouveau cimetière situé sur un plateau en dehors d'Auvers. Quelques amis artistes effectuèrent le déplacement depuis Paris, les gens déposèrent des fleurs et firent leurs adieux au grand artiste.

## Un suicide ou un meurtre ?

Dans *Van Gogh - The Life*, par Steven Naifeh et Gregory White Smith, il est suggéré que Vincent fut touché par une balle provenant d'un fusil appartenant aux garçons parisiens qui le harcelaient (cette hypothèse a été tellement rapportée dans la presse que cela semble être le seul fait à retenir de cet ouvrage vraiment étonnant). Selon les biographes, ce harcèlement était un passe-temps pour les garçons parisiens, qui aimaient choisir l'excentrique comme victime.

L'un d'entre eux, René Secrétan, avoua quelques décennies plus tard que Van Gogh lui avait volé un pistolet. « Nous le laissions toujours près de notre équipement de pêche, et c'est là que Vincent l'a trouvé et l'a pris. » Une autre histoire courait dans le village, pourtant. Une histoire qui fut notée dès 1930, par John Rewald, provenant de la bouche des villageois contemporains à Van Gogh.

Apparemment, les garçons auraient ouvert le feu accidentellement sur l'artiste, et ne s'étaient pas signalés par peur d'être accusés de meurtre. Si tel était le cas, Van Gogh aurait alors eu l'intention de les protéger et d'accepter son sort. Quand la police demanda à Vincent, grièvement blessé, s'il avait eu l'intention de se suicider, il répondit avec hésitation : « Oui, je pense », et : « N'accusez personne, je voulais me tuer ». Il désirait mourir, une chose qu'Emile Bernard, un ami et confrère, confirma.

Une aspiration à en finir se reflète aussi dans les lettres que Théo écrivit après la mort de son frère. Je citerai un passage d'une lettre à leur sœur Lies, rédigée quelques jours après sa mort :

« Dire que c'est bon, qu'il se repose – j'y hésite encore. Peut-être est-ce l'une des plus grandes atrocités de la vie sur cette terre et peut-il être considéré comme un martyr, succombant le sourire aux lèvres. Il ne désirait pas vivre, et était si calme, parce qu'il se battait toujours pour ses convictions... Tous devraient savoir qu'il était un grand Artiste, ce qui allait souvent de pair avec le fait d'être un grand Homme. Cela sera finalement reconnu et beaucoup pleureront son départ si prématuré. Il voulait lui-même mourir ; alors que j'étais assis à son chevet et lui dis que nous allions tenter de le guérir, et qu'alors nous espérions qu'on lui éviterait cette sorte de désespoir, il a dit : « La tristesse durera toujours ». Je ressentis ce qu'il voulut dire par là. Peu après, il fut pris d'un malaise et ferma les yeux pendant une minute. Puis il devint très paisible et ne se réveilla plus. »

Van Gogh fut enterré à Auvers, tout comme Théo le fut plus tard, en 1914. Cela vaut le coup de visiter Auvers si vous êtes dans les parages.

La maison du Dr Gachet existe toujours, ainsi que l'Auberge Ravoux, où Van Gogh a vécu, et qui est ouverte au public. Vous pouvez voir la chambre toute simple qu'il occupait. Baladez-vous ensuite à travers la magnifique campagne de champs de blé aux corbeaux, et finissez votre séjour en vous recueillant sur les deux tombes austères, juste en dehors du village.

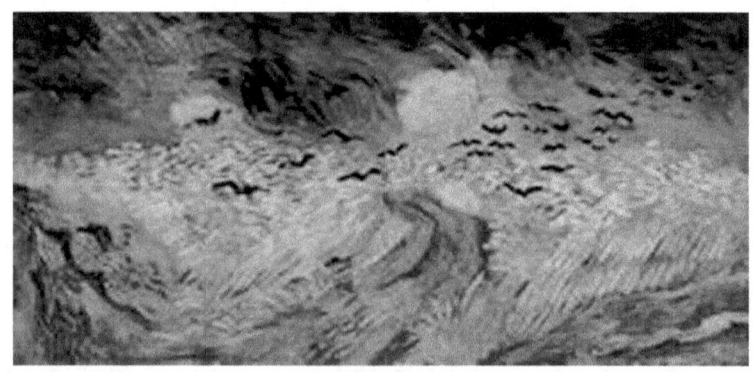

Vincent van Gogh, *Le champ de blé aux corbeaux*,
Auvers, juillet 1890
© Fondation Vincent van Gogh
(Musée Van Gogh, Amsterdam)

À PROPOS DE LA PEINTURE : C'est l'un des tableaux les plus célèbres de l'artiste et probablement celui qui a engendré le plus de spéculations, exécuté en juillet 1890, dans les dernières semaines de la vie de Van Gogh. Beaucoup ont soutenu que c'était sa dernière œuvre à cause des dramatiques nuages sombres, des sinistres corbeaux noirs et des chemins barrés comme des présages de la fin à venir. Toutefois, puisque nous n'avons pas connaissance de lettres précédant immédiatement sa mort, nous pouvons seulement conjecturer sur sa dernière œuvre, mais il semble bien que ce fut *Racines et Troncs d'Arbres*.

## Le legs de Van Gogh

Beaucoup d'artistes furent grandement influencés par Van Gogh. Son travail était fait de couleurs et de formes que les gens n'avaient jamais vues auparavant. Il vivait et travaillait à une période de l'histoire où la société n'évoluait pas seulement rapidement : c'était un changement radical de la façon dont les gens voyaient le monde. Les artistes étaient loin d'être des exceptions ; les impressionnistes défiaient les conventions par leur utilisation d'une gamme de palettes magnifiques pour capturer chaque moment fugitif du temps, et choisirent hardiment de peindre à partir du monde moderne qui les entourait.

Van Gogh, qui appartenait à une génération quelque peu plus jeune, voyait le changement et s'en nourrissait, et s'attelait à créer au art qui touchait au révolutionnaire. Ses œuvres ne montrent pas simplement la manière dont il voyait le monde, mais aussi dont il le ressentait. Ses peintures sont ses confessions ; on ne peut s'empêcher d'être ému par la nature intense et profondément personnelle de ses couleurs et par les traits de pinceaux puissants qui semblent vibrer d'émotion. Il est étonnant de penser que Van Gogh, si l'on exclut sa courte collaboration avec Gauguin, a créé en solitaire un corpus qui a influencé le cours de l'art moderne au XXe siècle. Il n'eut même pas le temps d'expliquer son art à la génération suivante d'artistes. Mais il est plausible qu'ils n'aient pas eu besoin d'explications – les couleurs et les formes des peintures et dessins de Van Gogh le font pour lui.

Personne ne peut échapper au pouvoir et à l'intensité de son art. Ni à son époque, ni à présent, ni dans le futur.

# CE QUE LES ARTISTES PENSAIENT

# DE VAN GOGH

« ... un pionnier unique : il se tient debout, luttant dans la vaste nuit. Son nom ? Vincent pour la postérité »
J.J. Issacson (1889)

« Roux de poil [...] le regard d'aigle et la bouche incisive comme pour ainsi parler [...] le geste vif, la marche saccadée [...] Véhément dans le discours. »
Emile Bernard

« C'est un fou. »
Maurice de Vlaminck

« À Vincent (Van Gogh), je dois quelque chose, c'est, avec la conscience de lui avoir été utile, l'affermissement de mes idées picturales antérieures : puis dans les moments difficiles me souvenir qu'on trouve plus malheureux que soi. »
Paul Gauguin

« Les lettres de Van Gogh n'amènent rien à ses peintures. C'est étrange, mais c'est ainsi. »
Henri Matisse

« Van Gogh a été mon professeur et mon idéal. En tant qu'homme et artiste, il m'est très cher. »
Alexej Jawlensky

« Son pathos m'est étranger, particulièrement durant la période dans laquelle je suis à présent, mais il est certainement un génie. Ici, un esprit souffre sous le feu d'une

étoile. Il se libère à travers son travail, juste avant la catastrophe. Nous parlons ici de la plus profonde des tragédies, une tragédie bien réelle, naturelle, un exemple classique de tragédie. Permettez-moi de frissonner. »
Paul Klee

« Se retrouver en face d'un des plus importants génies amenés par l'art de la peinture [...] voir ses tableaux un par un et suivre sa vie tragique pas à pas, jusqu'au bout [...] fut une expérience qui fit alterner tour à tour une intense émotion et une sensation presque religieuse d'admiration... »
- Henry van de Velde

« Van Gogh fut un père pour nous tous. »
Max Pechstein

« Van Gogh représentait l'expression et la perception, contre l'impressionnisme et le naturalisme. Une concentration fougueuse, une sincérité juvénile, une franchise, une profondeur et une hallucination. Le terme expressionnisme a été inventé par d'autres gens, mais, dans notre communauté, nous avons été inspirés de façon expressionniste depuis très longtemps. Van Gogh : pour nous, représentait le courage de s'exprimer. »
Ernest Blass (poète)

« Van Gogh partit, après avoir quitté la Hollande et la Belgique, pour le sud de la France, où il découvrit le soleil, la lumière, la couleur. Là, l'innovation prit le dessus et Van Gogh peignit les hommes et les paysages (l'illumination de la lumière), poussé par le soleil resplendissant. Il peignit les cyprès avec une telle empathie, qu'il devint le cyprès, il était le cyprès. À ce moment-là, son tableau était achevé. Et quand il rentrait avec sa toile, la reposait et la regardait, il se passait la

même chose que maintenant, la manière dont nous la regardons, et que nous voyons qu'un miracle s'est produit. Van Gogh a touché au secret de la vie. »
Karel Appel

# QUAND VAN GOGH EST-IL DEVENU CÉLÈBRE ?

C'est un fait bien connu que la célébrité de Van Gogh a grandi très vite après sa mort en 1890, ce qui est un des aspects les plus tragiques de sa vie. Mais qu'est-ce qui a contribué à sa soudaine popularité en un si court laps de temps ? Est-ce à cause de sa mort prématurée ?

Je suis convaincue que Van Gogh aurait été un artiste (plus) reconnu s'il avait vécu plus vieux. Il devint plus populaire durant les six derniers mois de sa vie, et ses peintures et dessins furent exposés dans plusieurs expositions. En mars 1890, quelques mois avant sa mort, pas moins de 10 de ses œuvres furent présentées au Salon des Indépendants à Paris. Les critiques furent unanimement positifs. Le talent de Van Gogh était reconnu, tout particulièrement par ses confrères. Au même moment, il vendit aussi son premier tableau. Anna Bloch, une artiste belge, acheta *Le Vignoble Rouge* (Montmajour), pour 400 francs, une somme considérable pour le travail d'un artiste relativement anonyme.

Et soudain, en septembre 1889, les premières louanges sur son travail apparurent dans la presse. J. J. Isaacson écrivit : « Mais qui est l'interprète de la vie fulgurante, celle du XIXe siècle ? Qui prend conscience d'elle par la forme et la couleur ? Je connais un homme, un seul, un pionnier unique : il se tient debout, luttant dans la vaste nuit. Son nom ? Vincent. »

Et dans sa chronique de l'exposition de *La Vogue* (septembre 1889), le critique d'art Félix Fénéon écrivit la chose suivante à propos des peintures de Van Gogh : « Les *Iris* de celui-ci déchiquettent violemment leurs pans violets sur leurs feuilles en lattes. M. Van Gogh est un amusant coloriste même dans des extravagances comme sa *Nuit étoilée :* sur le ciel, quadrillé en grossière sparterie par la brosse plate, les tubes ont directement posé des cônes de blanc, de rose, de jaune, des étoiles ; des triangles d'orangé s'engloutissent dans le fleuve, et, près de bateaux amarrés, des êtres baroquement sinistres se hâtent. »

En janvier 1890, Georges-Albert Aurier, un célèbre critique artistique français, publia dans *Le Mercure de France,* un article ne tarissant pas d'éloges envers Van Gogh. Il louait son originalité, son utilisation de couleurs intenses et la façon dont il parvenait à transmettre ses émotions.

Au lieu de se réjouir de voir son travail ainsi reconnu, la réaction de Van Gogh s'apparenta à des excuses. Pourquoi l'article portait-il donc sur lui, entre tous ? Il avait aussi peur du succès. Sa gloire arriva à un moment où il ne la souhaitait plus guère – l'espoir du succès avait plus ou moins disparu. Il percevait plutôt sa charge comme celle d'un pionnier pour les autres artistes qui peignaient aussi dans une veine moderne.

Il écrivit à sa mère : « Je fus assez surpris d'un article qu'on a écrit sur moi – Isaacson avait voulu le faire il y a quelques temps – et je lui avais demandé de ne pas mettre la plume au papier ; j'en fus attristé en le lisant car il est trop exagéré ; les choses ne sont pas ainsi – ce qui me soutient précisément dans mon travail est le sentiment qu'il y a plusieurs personnes qui font exactement la même chose que moi, et donc, pourquoi un article sur moi et non sur ces 6 ou 7 autres ? » [Lettre 855, Saint-Rémy, le 19 février 1890]

Van Gogh a toujours éprouvé de grandes difficultés à vendre son art. Visant le succès dès le début de sa carrière, il était pourtant toujours partagé sur la question de la vente. À ses débuts, l'artiste aurait voulu commercialiser ses œuvres ou devenir illustrateur pour un magazine aussi vite que possible. Pendant un temps, il tenta de suivre les conseils d'Anton Mauve, mais réaliser des aquarelles plaisantes, à visée commerciale, fut un véritable effort pour lui.

Van Gogh était toujours tiraillé entre deux extrêmes – son désir de vendre et le désir de conserver son art jusqu'à ce qu'il devienne « réellement » commercialisable. Idéalement pour Vincent, Théo aurait dû vendre son travail, tandis que lui-même se serait contenter de dessiner et de peindre. Malheureusement, Théo n'était pas convaincu du potentiel marchand des œuvres. Et il avait raison. Van Gogh était tellement en avance sur son époque que Théo peinait à en juger d'une façon éclairée.

Qu'aurait pu penser Van Gogh s'il avait su qu'un jour ses peintures se classeraient parmi les plus chères au monde ? En 1990, par exemple, le *Portrait du Dr Gachet* se vendit au prix record de 82.5 millions de dollars à Christie's, à New York. Des prix mirobolants ! Et sont-ils véritablement justifiés ? Je me pencherai sur cette question dans une autre publication.

## Des Van Gogh dans le grenier

Théo ne parvint pas à présenter le travail de son frère au grand public comme il désirait le faire. Une maladie, qu'il avait contractée il y a un bon nombre d'années, le faisait grandement souffrir. Elle fut diagnostiquée comme un stade terminal d'une démence paralytique causée par la syphilis. La peine causée par la mort de son frère compromit grandement son système immunitaire et, en octobre 1890, Théo souffrit d'un effondrement physique et fut admis dans un hôpital trois jours plus tard. Il mourut le 25 janvier 1891 et fut enterré à Utrecht. Sa veuve fit transférer sa dépouille à Auvers pour que les frères puissent reposer côte à côte.

Après la mort des deux hommes, les œuvres furent transmises à la famille. La mère et les enfants Van Gogh refusèrent leur part de l'héritage en faveur du plus jeune fils de Théo, Vincent Willem van Gogh. Johanna van Gogh fut nommée comme administratrice de la succession jusqu'à la majorité de son fils.

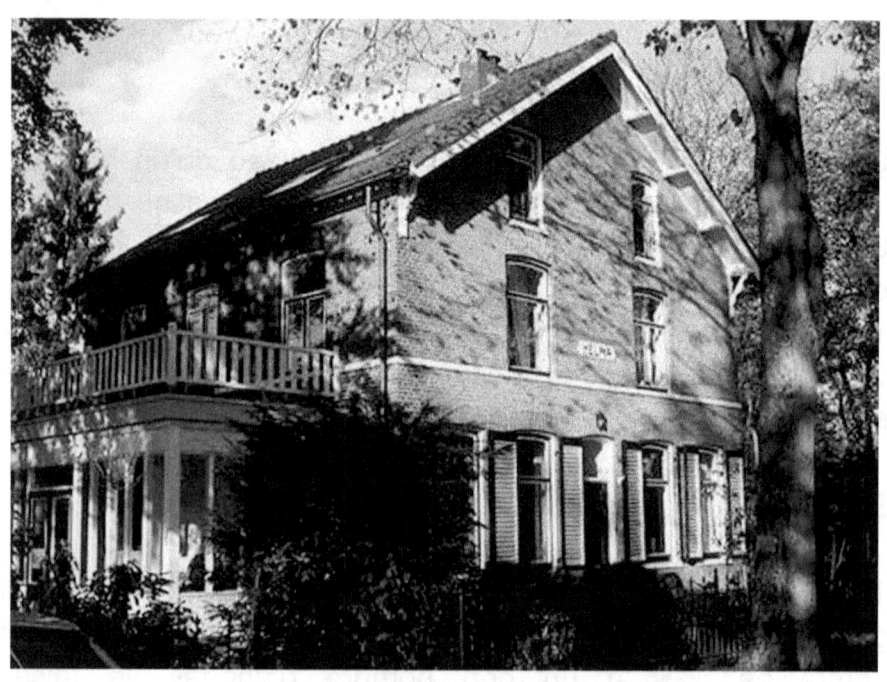

Villa Helma à Bussum aux Pays-Bas
© Wikipedia

La veuve revint aux Pays-Bas et remisa toutes les œuvres chez elle. Au début, les tableaux reposaient simplement contre un mur, sans cadres, et les centaines de dessins étaient rangés dans de grands dossiers. À l'époque, la valeur de la collection fut estimée à 2000 florins. La veuve gagna sa vie en transformant sa maison à Bussum en chambres d'hôtes.

## Le musée Kröller-Müller

Jo van Gogh décida de consacrer sa vie à la mémoire de son mari et de son beau-frère. Elle n'avait rencontré l'artiste que deux fois, mais avait appris à bien le connaître en lisant la correspondance de son frère, et elle publia ces lettres en 1914.

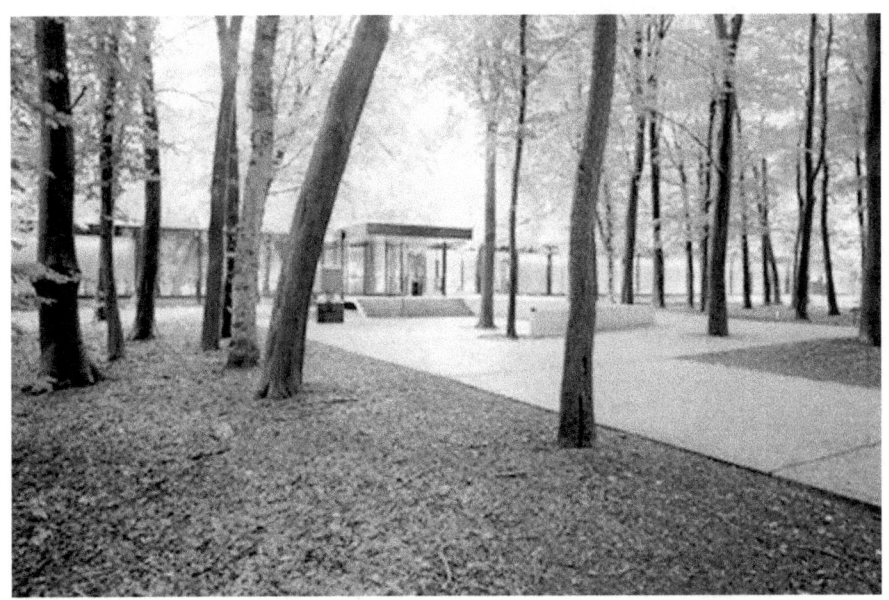

Le musée Kröller-Müller à Otterlo aux Pays-Bas

Avec l'aide de son conseiller artistique H.P. Bremmer, Helene Kröller-Müller, une collectionneuse des premiers temps de l'art de Van Gogh et fondatrice du Musée Kröller-Müller à Otterlo, acheta plusieurs Van Gogh auprès de Jo van Gogh-Bonger. Cette dernière vendait très prudemment et conserva par-devers elle un corpus d'œuvres très représentatif.

## Musée Van Gogh

Après quelques temps, Johanna van Gogh-Bonger décida de ne plus vendre de Van Gogh et conserva une partie importante et magnifique de son art.

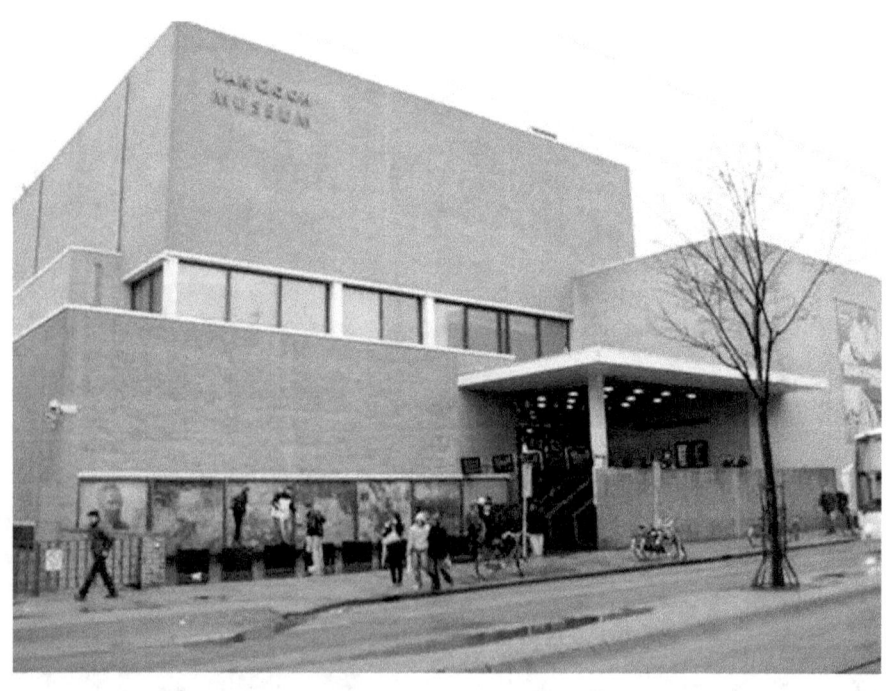

Le musée Van Gogh à Amsterdam aux Pays-Bas

Sur l'initiative de l'état néerlandais, une fondation fut créée pour garder réunie dans un même lieu les tableaux et les dessins de Van Gogh non-présentés à la vente, mais aussi des œuvres d'autres artistes ainsi que les collections de livres et d'impressions d'art.

En 1962, la collection fut placée sous la garde de la fondation pour 15 million de florins, même si sa valeur estimée dépassait les 300 millions de florins. L'état néerlandais construisit le Musée Van Gogh et fonctionne toujours comme administrateur de la collection, qu'il offre à voir en prêt permanent. Le Musée possède le plus grand assortiment de Van Gogh au monde – environ 200 peintures, 500 dessins et 800 lettres.

## Une célébrité posthume

Peu de temps après sa mort, Van Gogh fut reconnu comme un artiste important et de nombreuses expositions sur son travail se montèrent. Bien que l'artiste soit mort à la fin du mois de juillet 1890, des magazines néerlandais comme *De Nieuwe Gids*, un magazine littéraire, et le *Algemeen Handelsblad*, un journal, avaient déjà publié des articles enthousiastes sur l'œuvre de Van Gogh en décembre de la même année. La curiosité du public fut vite attisée. Dès 1891 et 1892, Jo van Gogh-Bonger organisa quelques expositions, et en 1892 et 1893, plusieurs autres furent montées à Rotterdam, La Haye et Amsterdam.

La réaction fut formidable. D'autres expositions suivirent. La véritable percée en terme de ventes suivit l'exposition Bernheim-Jeune en 1901. Et en 1905, la veuve de Théo monta une exposition importante de pas moins de 474 œuvres au Musée Stedelijk d'Amsterdam. La célébrité n'a fait que grandir. De nos jours, les lettres de Van Gogh sont même publiées en chinois. Sa vie, ses lettres et son travail ne touchent pas seulement un public à la sensibilité occidentale.

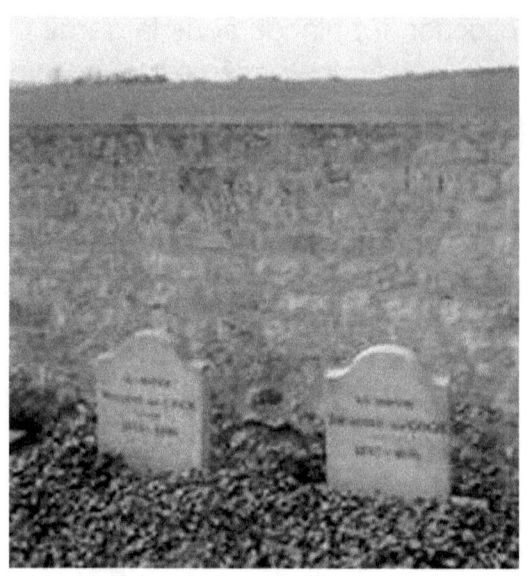

Les tombes de Vincent van Gogh et de son frère Théo
à Auvers

# LES LETTRES :

## AU PATRIMOINE LITTÉRAIRE MONDIAL

C'est absolument vrai ! Je vous recommande vivement de lire les lettres de Van Gogh. Non content d'être un grand peintre et dessinateur, il était aussi un écrivain talentueux. Cette correspondance dépasse celle d'un simple artiste. Ces lettres sont considérées à raison comme l'un des points forts de la littérature mondiale. Sa capacité d'association est incroyablement développée.

Les lettres de Van Gogh, dont la plupart ont été conservées, ont grandement contribué à sa gloire. Sa personnalité fascinante, le drame de sa vie et sa lutte constante ont assuré à l'artiste une image romantique.

On a conservé environ 800 lettres. Elles offrent une vision extraordinaire des pensées de Van Gogh, de ses idéaux et de son caractère. En 2009, après 15 ans de recherche, une nouvelle édition des lettres a été publiée en néerlandais, en français et en anglais, et sera bientôt disponible en chinois ainsi qu'en japonais. Cette belle et riche publication a été annotée. Bien que coûteuse, elle vaut absolument la dépense pour le véritable amateur.

Pour consulter les lettres en ligne, connectez-vous sur le site www.vangoghletters.org, libre d'accès et richement illustré. Il contient toutes les lettres connues de Van Gogh en langues originales néerlandaise et française, ainsi qu'une traduction anglaise. Une lecture indispensable pour tous ceux qui veulent en savoir plus sur une période et un thème incontournables.

# Van Gogh

Les lettres témoignent d'une grande érudition, et contiennent de nombreuses références à la littérature de cette époque : Van Gogh dévorait compulsivement roman après roman. Il avait beaucoup lu, de Shakespeare à Zola en passant par Charles Dickens. On a le sentiment de connaître l'artiste en lisant ses écrits. Vous verrez comment il manipulait son frère avec des paroles efficaces et le persuadait généralement de faire avancer les choses. Vous pourrez suivre le développement de ses dessins et de ses peintures et l'enthousiasme avec lequel il les décrivait à Théo et à ses amis artistes. En lisant les lettres, il devient évident qu'il en a réalisé beaucoup plus que ce qui reste actuellement en circulation... ! Plusieurs centaines de Van Gogh ont été produits et peuvent peut-être encore exister quelque part.

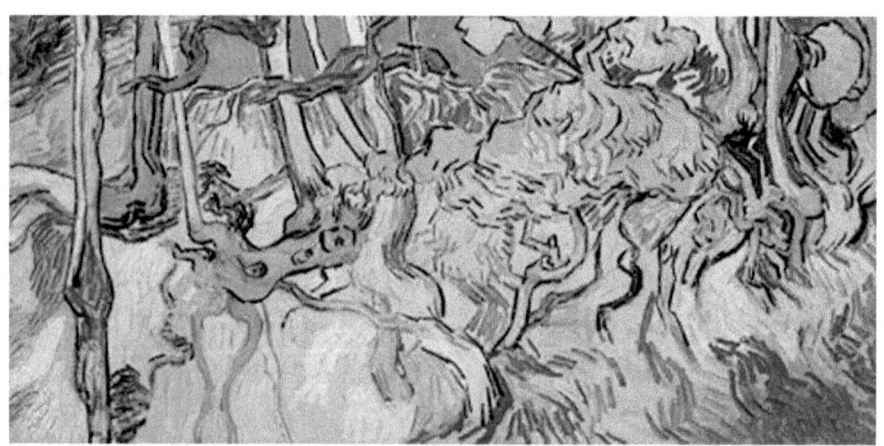

Vincent van Gogh, *Racines et troncs d'arbres*, Auvers 1890
© Fondation Vincent van Gogh
(Musée Van Gogh, Amsterdam)

À PROPOS DE LA PEINTURE : Cela semble être la dernière peinture que Van Gogh ait terminé. Elle ressemble à un fouillis de couleurs et de formes bizarres peintes à coups de larges pinceaux et de peinture appliquée en couches épaisses. L'image est difficile à lire et tend vers l'abstraction. En se penchant sur les détails, on peut voir des racines d'arbres, des plantes et des feuilles sur un sol de sable brunâtre. Van Gogh cadrait souvent ses compositions de manière inhabituelle.

# QUELQUES MOTS SUR L'AUTEUR

Je suis Néerlandaise, historienne de l'art et spécialiste de Van Gogh. Après avoir obtenu une Licence et un Master en histoire de l'art auprès de l'université de Leyde, j'ai débuté ma carrière en tant que conservatrice au Musée Kröller-Müller à Otterlo en 1990, lors de l'exposition de dessins de Van Gogh, à l'occasion du centenaire de sa mort.

Je me suis ensuite installée à Londres où j'ai rédigé une thèse auprès de l'Institut Courtauld pour les Arts sur le thème : « Les dessins de Van Gogh : une analyse de leur production et de leurs usages ». (Disponible en anglais sur Amazon : *Vincent van Gogh's Drawings. An Analysis of their Production and Uses*).

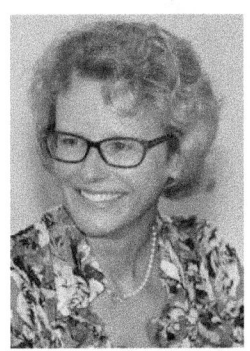

Au lieu de retourner aux Pays-Bas après avoir terminé mon doctorat, je suis restée à Londres pendant quatre années supplémentaires pour travailler chez Christie's, la maison internationale de ventes aux enchères.

J'ai ensuite rédigé le catalogue raisonné de l'œuvre imprimée de Howard Hodgkin et j'ai organisé une exposition sur les gravures de Rembrandt au Musée de la Maison de Rembrandt à Amsterdam avant d'occuper le poste de directrice du développement commercial chez Sotheby's Amsterdam, pendant neuf ans.

Depuis 2009, je travaille en tant qu'historienne de l'art indépendante. Je rédige des guides d'expositions et de musées, ainsi que des ouvrages sur l'art et les artistes.

# LES SECRETS DE VAN GOGH

Ce livre est le premier volume de la série « Les Secrets de Van Gogh », et, comme les autres publications de la série, il est disponible en plusieurs langues au format numérique.

**Les Secrets de Van Gogh 2**

## La lutte intérieure de Van Gogh : sa vie, son œuvre et sa maladie mentale

Traduit de l'anglais par Angélique Olivia Moreau

Titre original : *Van Gogh's Inner Struggle – Life, Work and Mental Illness* par Liesbeth Heenk

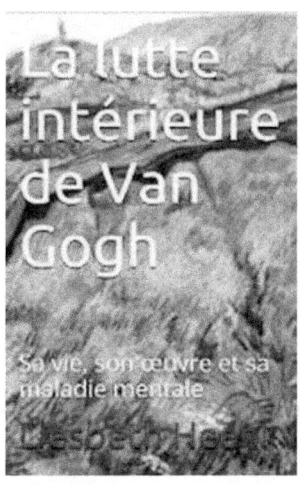

*La lutte intérieure de Van Gogh :*
*sa vie, son œuvre et sa maladie mentale*
par Liesbeth Heenk

*La lutte intérieure de Van Gogh : sa vie, son œuvre et sa maladie mentale*. Se basant essentiellement sur les lettres rédigées par Van Gogh, l'ouvrage traite de la vie de l'artiste, de la vision qu'il avait de son travail et de sa maladie mentale. Cette correspondance montre clairement que la vie de Van Gogh fut loin d'être une partie de plaisir. Il savait bien sûr ce qui se vendait, mais il continua de produire un art qu'il percevait comme honnête et « véridique », n'ayant que faire du goût du jour. Il ne s'attendait pas à ce que le public comprenne l'apparence brute de son travail. Si Van Gogh admettait qu'être un artiste était un combat quotidien, mais il était convaincu que cette adversité lui serait profitable, sur un plan personnel autant que professionnel. « Pas de victoire sans bataille, pas de bataille sans souffrance ».

Dans le cas de Van Gogh, ce fut une lutte sans trêve contre la précarité, l'isolement et l'adversité. Compte-tenu de ses circonstances – il était financièrement dépendant de son frère Théo, ne vendait rien et était à peine reconnu – ses réalisations sont véritablement extraordinaires. Ce n'est pas un ouvrage sur l'art de Van Gogh sinon sur sa vie d'artiste et d'humain, et dont la lecture vous permettra de mieux apprécier et comprendre son travail.

### Les Secrets de Van Gogh 3

## Van Gogh durera toujours – nouvelles

Traduit de l'anglais par Angélique Olivia Moreau
Titre original : *Van Gogh Today – Short Stories*

Liesbeth Heenk

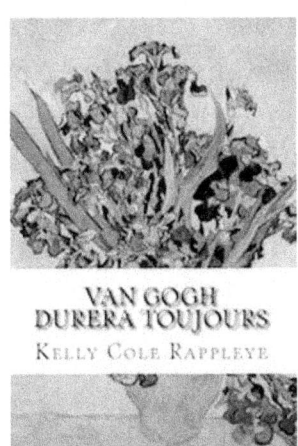

*Van Gogh durera toujours – nouvelles*
par Kelly Cole Rappleye et Liesbeth Heenk

*Van Gogh durera toujours* est un recueil de nouvelles se penchant sur des vies touchées d'une façon ou d'une autre par Van Gogh. La vie et le travail de l'artiste continuent d'être pertinents inspirant par delà les décennies des gens de tous les horizons. Son histoire est le symbole du talent non-reconnu, d'une passion sans entraves et d'un dévouement pour le travail qui a plongé Vincent dans la dépression et la folie. La vie de Van Gogh a bien des aspects dans lesquels chaque personne vivante peut trouver illumination et enseignement. L'énergie sans limites de l'artiste et sa détermination pure contre vents et marées ont toujours été une source intarissable d'inspiration, que l'on soit artiste ou amateur. Ces huit nouvelles reflètent la puissance de son histoire. Autant de raisons pour lesquelles Van Gogh reste un modèle intemporel pour tout un chacun.

Van Gogh

Pas encore disponible en français :

**Les Secrets de Van Gogh 4**

# Van Gogh and Love

par Nienke Bos et Liesbeth Heenk

et

**Les Secrets de Van Gogh 5**

# Van Gogh and Money

par Liesbeth Heenk

## Si ce livre vous a plu, veuillez laisser votre avis

Vous avez aimé *Van Gogh : Portrait de l'artiste* ? Nous vous serions reconnaissants de poster une critique personnelle sur Amazon. Cela informera les lecteurs sur la qualité du livre proposé à la vente.

www.ingramcontent.com/pod-product-compliance
Lightning Source LLC
Chambersburg PA
CBHW051221170526
45166CB00005B/1992